大展好書　好書大展
品嘗好書　冠群可期

大展好書　好書大展
品嘗好書　冠群可期

洪均生傳授

陳式太極拳

原理、用法解析

附DVD

楊喜壽　著

陳式太極拳
⑨

大展出版社有限公司

洪均生老師肖像

作者攜小女楊爽與洪師合影

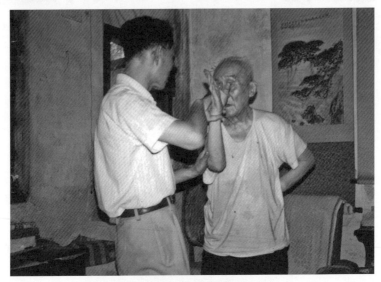

洪師指導右手掤法

洪師指導楊爽順禪手法

作者在太極拳研討會上講演

作者與楊尊利先生（右）合影

作者與英、德、法等國弟子合影

山東大學武術隊合影
（前排右三為教練張老師，右一為本書作者）

陳式太極拳原理探析用法詳解

覺公題

梅墨生　號覺公，國家畫院一級美術師，
著名書法家，太極拳名師

許盛華　著名畫家、書法家，太極拳愛好者
（釋文見附錄）

內容提要

　　本書是在洪均生老師所授陳式太極拳拳架及其所著《陳式太極拳實用拳法》的基礎上編寫的。

　　關於拳理，在哲學層面運用《易》學中的陰陽轉換理論及道家的「以柔克剛」理論。

　　在科學方面運用近代物理學理論，例如用旋輪線原理說明「自轉加公轉」拳法的拉長距離效應；用沖量去解釋太極拳沖拳的滲透力；用加加速度去解釋太極拳崩炸勁的效果，即「急動度效應」等。關於拳法，強調使用纏法，以纏絲勁為內勁。

　　在講解套路時，以「練拳無人當有人」為原則，寫明拳式每一動的具體用法。

　　關於健身，強調放鬆慢練以培養人的整身協調能力和平衡能力；強調走足纏法以鍛鍊筋腱，加強其韌性，使其富有彈性。

　　書中提供一張 DVD 演示光碟，其影片內容包括：基本功、一路拳、二路拳、兩人拆招對練、推手、精選24式、鞭杆108式，可方便愛好者學練、提高和欣賞。

序 一

　　洪均生先生乃陳式太極拳一代宗師，楊喜壽教授師從洪先生學藝十有五年，精心揣摩，刻苦演練，收穫頗豐。本人主練形意拳也兼練太極拳。太極、形意同為內家拳，即所謂「太極形意是一家」。

　　我與楊教授是好朋友，經常一起探討拳藝。楊教授繼承洪傳陳式太極衣缽，既從師古，又有創新。師古者，以纏絲勁為內勁，以纏法為基礎，陰陽轉換，剛柔相濟。創新者，體現在許多拳式中，例如套路中的懶紮衣式、六封四閉式、摟膝拗步式、高探馬式等等都有新意，用法更加緊湊合理。

　　楊教授是學理科的，對數學、物理學、力學造詣頗深，書中首次對許多「太極現象」給出了合理的解釋。

　　目前，太極拳已是廣大群眾喜愛的健身體育運動。該書強調放鬆慢練以培養人的整身協調能力和平衡能力；強調走足纏法以鍛鍊筋腱，加強其韌性，使其富有彈性。這些都是太極健身的核心內容，既易理解，又切實可行。

　　該書描述拳式時配有詳細的圖片，便於閱讀和學習。特別值得指出的是，本書在講解套路時，對每一式的每一個動作都詳細說明其攻防技擊用法。正如書中指出的，現

11

在習練太極拳者主要目的是健身，但為了培養練拳的興趣，為了體現出傳統太極拳中的攻防藝術，講明拳路中每一動的技擊含義是必要的。

《陳式太極拳·原理、用法解析》一書的問世，將會成為廣大太極拳愛好者的良師益友，也必將為推動太極拳的發展，為全民健身運動做出貢獻。

楊遵利

楊遵利先生為國家一級武術裁判，中國武當武術十佳武術名家，世界武術家聯合會副主席，山東省省級非物質文化遺產濟南形意拳代表性傳承人，山東省高等學校傳統武術協會主席，濟南形意拳研究會會長。他自幼好武，先後師從高醫俗、李靜軒等武術名家修習內家拳，得羅本祺、朱蘊山先生指點，擅長形意拳、太極拳，通八卦掌等。

序　二

　　楊喜壽教授是山東大學太極拳協會的總教練。我是山東大學太極拳協會會員——楊老師的徒弟。楊老師在教拳的過程中，經常給我們講解洪均生師爺的拳理、拳法。他的講解深入淺出，並且提出一些獨到的見解。我們一直盼望老師著書立說。知道楊老師的大作《陳式太極拳‧原理、用法解析》即將問世，我們立即傳閱了書稿，讀到精彩之處都很激動。經過一番議論之後，大家委託我代表協會為這本書寫一篇序言。

　　楊喜壽老師，1965年畢業於山東大學數學系，畢業後留校任教，為山東大學教授。曾任山東大學管理科學系系主任、山東大學管理學院黨委書記、山東省應用統計學會理事長等職。

　　為什麼要介紹這些呢？楊教授現已年過七旬，不但太極拳拳藝高深，而且身體很好。我想告訴大家的就是，從楊教授的經歷可以看出，太極拳是一項很好的業餘活動。練拳可以娛樂，可以健身，可以陶冶情操，可以促進工作。管理工作者、科技工作者、文化工作者如果能走進太極拳之門，不但能強身健體、促進工作，而且也必將能促進太極拳的發展。

　　楊教授1981年1月從洪鈞生老師學習陳式太極拳，在洪師逝世前的15年中，得到洪師的精心指教，對洪師的拳理有較深入的理解，並較熟練地掌握了洪師的拳法。20世紀80年代業餘時間楊老師經常在山東大學校園練拳，吸引了不少學生隨老師學拳。為了方便大家交流學習，1999年在楊教授的指導下成立了「山東大學太極拳社」，後改名為「山東大學太極拳協會」。

　　在老師的悉心指導下，山大太極拳協會在這十多年中，一批又一批的會員愛上了太極拳，練太極拳成了生活中的一個重要組成部分。楊老師的弟子現已遍佈中國各地，世界十多個國家都有楊老師的弟子。已走向工作崗位的協會的師兄師姐中，有大學教授、有公司經理、有金融方面的佼佼者，也有保衛著國家人民安全的軍人。

　　每年的11月，在從各地趕來為老師過生日時，從師兄師姐們的交流中，我們得知，在山東大學學習期間，正是習練太極拳，使得大家在如饑似渴地吸收知識的同時，精神得到了放鬆，使得時刻處於緊張狀態的大腦得到積極的休息，使得久坐不動的肢體得到了鍛鍊，大大提高了學習的效率。

　　2006年秋，楊老師遷居山東大學興隆山校區，筆者在該校區學習生活了兩年，有幸每天跟隨在楊老師身邊練拳，得到了楊老師的精心指導，這是我一生中難得的機遇。我一有空就翻看協會歷年來活動的照片，以及老師和同學們一起錄製的影片，不由得回憶起了在老師身邊的點點滴滴……

記得大一軍訓期間，在操場上經常看到一群打拳、舞刀弄槍的學生，一位並不高大的老者，著一件白衣，安靜地微笑著站在一旁，時不時地指導一下學生的動作。在這期間，我經常見到一些學生，包括一些身材高大的學生，與老師一接手便跌倒在地。我以前就聽說過「內家拳以靜制動，應手即仆」這句話，現在算是親眼見到了。

軍訓結束後我也加入了太極拳協會，開始跟隨楊老師走進了太極拳學堂。協會規定的練拳時間是下午4：30到6：00，在師兄師姐帶我們練完拳之後，老師會給我們改式子，教用法，每每老師話音剛落，便響起同學們的陣陣掌聲。興起之時，老師偶爾會給我們講講他學拳之時和洪老師以及師兄弟們的小故事，高興之處，便和同學們一起開懷大笑。常常是在下午7點多，有時甚至8點多，在師母電話的一再催促下，老師才回家吃飯。

現已七十多歲高齡的老師，能一直不停歇地指導學生練拳兩三個小時，實在是難能可貴。你要知道，這期間老師還不斷地和學生試手，為了讓學生理解和掌握某些動作，經常將學生摔翻在地。

老師為人非常謙和。當我們看到其他人練拳與自己的不同時，便來問老師，老師總是說，「他這樣做一定有他的道理，我猜他是這樣想的……而我是這樣理解這一式的……」老師從來不說自己這門派多麼多麼好，那個門派怎麼怎麼不行。老師總是對我們講，我們練的拳的特點是什麼，而不去比較什麼好壞。

老師常對我們講，作為業餘太極拳愛好者習練太極

拳，應當把強身健體放在第一位，但是為了培養對太極拳的興趣，講的最多的是太極拳的技擊技巧。在教學過程中，對於套路中的每一式都反覆和我們做試驗。在交手試驗的基礎上改進了某些拳式。

我見過洪均生師爺練拳的影片，當然經常見的是楊老師打拳。欣賞師爺和老師打拳是一種享受。師爺和老師拳姿之輕靈如「行雲飄飄，微風柳搖」；拳姿之雄渾又如「江河濤濤，狂飆千里」。

我仔細讀了老師的書稿，雖然有許多內容在平日學拳的過程中老師給講過，但心裡沒有一個完整的系統。這次讀過書稿之後，確有耳目一新的感覺，印象深刻的有以下幾點：

（一）相對其他有關太極拳著作，對太極十三勢給出了更為詳細、更為深刻的論述。

（二）提出了「鬆慢圓纏」的太極拳四字訣，並進行了科學的分析。

（三）強調放鬆慢練以培養整身的協調能力；加大纏法以鍛鍊筋腱，培養纏絲勁（即太極內勁）。

（四）對套路中的每一拳式都給出了其技擊含義。

（五）書中用近代物理學的知識解釋了某些「太極現象」，例如用旋輪線原理解釋「公轉加自轉」的纏法效用等。

（六）將健身、娛樂、技擊緊密結合起來，例如書中的擒拿和反擒拿兩人對練，既是防身技擊訓練，也是有趣的娛樂項目。又因為相互之間擒拿，使手指以及腕部、肘

部、肩部的筋腱得到充分的鍛鍊。

（七）書中既重視太極拳傳統意義上「意」和「氣」
的作用，又不妄談「意」和「氣」。

我們期望此書的問世能對太極拳有所推動。真心地祝
願我們的恩師楊喜壽教授健康、幸福、長壽！

山東大學太極拳協會

符新雙　執筆

前　言

　　就拳理、拳法而言，陳式太極拳「理精法密」。洪均生老師繼承了陳式太極拳一代宗師陳發科先生的衣缽，對陳式太極拳進行了幾十年的演練、試驗、研究，並在繼承的基礎上有所發展、有所創新，使太極拳進入到一個新的境界。

　　所謂拳法，主要是指拳式中的攻防技擊招式。太極拳拳法特色鮮明。在拳界，一提到八法「掤、捋、擠、按、採、挒、肘、靠」，提到「以靜制動，以柔克剛」，人們馬上就會與太極拳聯繫起來。在拳理方面，太極拳也獨樹一幟，完全遵照中華古典哲學——《易學》的陰陽理論。陰陽理論是太極拳的基礎。大約從武式太極拳的創始人武禹襄（1812～1880 年）開始又有了氣功理論，例如提出了純以氣言的所謂「敷蓋對吞」四字密訣。「以心行氣，以氣運身」等練功方法，至今廣為流傳。

　　氣功一詞是何時出現的暫且不論，因為武禹襄把氣在太極拳中的作用提到從未有過的高度，我這裡借用氣功一詞來表達。陳式太極拳強調纏法、纏絲勁，其代表人物是陳鑫（1849～1929 年）、陳發科（1887～1957 年）和洪均生（1907～1996 年）等。陳鑫在其所著《陳式太極拳圖

說》中講：「太極拳，纏法也。」洪均生在其所著《陳式太極拳實用拳法》中講：「透過螺旋運動的順、逆互變，持久鍛鍊自然產生的一種勁，就是『纏絲勁』。陳發科先生稱之為掤勁，也就是一般所說的內勁。」許多太極拳門派既講「氣」，也講「纏絲勁」，但側重點不同，對「氣」和「纏絲勁」功能看法不同。

用易理指導太極拳無可厚非，但過於籠統。近些年來，已有不少人開始從人體科學、力學等方面來研究太極拳，例如已有關於太極拳力學方面的著作問世，這是很有意義的探討，但離開解釋太極拳現象還相差甚遠。

有人做了某些很有意義的對比研究，例如假定有甲乙兩人，甲是一位具有太極拳功夫的人，乙是練散打的人。經過測試，甲沖拳的力量小於乙，但同被甲乙沖拳擊中胸部的丙會感到甲的拳更有滲透力。類似如這樣的現象，我們將其稱之為太極現象。

透過放鬆慢練能練出一種「掤」勁，一種柔中有剛的勁，一種崩炸勁，一種具有滲透力的勁，即使當代比較成熟的生物運動力學也難以圓滿地解釋。關於太極拳的理論研究還有廣闊的空間。

太極拳是先人留傳給我們的寶貴的非物質文化遺產，每個太極拳愛好者都有責任將其發揚光大。我拜陳式太極拳大家洪均生為師學拳15年，得到洪師的精心指導，對洪師所授拳理、拳法，特別是關於纏絲勁、纏法，關於太極十三勢等方面的理論及應用，是在二十幾年的演練、試驗、教學過程中逐步理解的。

　　本書中，在總結前人練拳經驗的基礎上提出了「鬆慢圓纏」四字練拳要訣；在洪師講解十三勢的基礎上將其做了更加細化的論述。在拳理拳法研究中，一方面我們注意到用易理去解釋，例如所謂「下塌外碾」就是收中有放、放中有收的拳法，就是「陰不離陽，陽不離陰」的「陰陽相濟」理論的體現，用現代的哲學語言講就是符合矛盾對立統一規律。另一方面我們也注意到儘量用現代科學做出解釋，例如關於「腰如車軸」「活似車輪」的拳法，提出了所謂的「套筒原理」；用旋輪線原理說明「公轉加自轉」拳法的拉長距離效應；用沖量去解釋太極拳沖拳的滲透力；用加加速度去解釋太極拳崩炸勁的效果，即「急動度效應」等。

　　現代太極拳文章、書籍中常出現的一些近代物理學概念，但其中有一些解釋或應用不甚恰當。本書試圖用儘量通俗的語言講解這些物理學概念，一方面是為了探討物理學在太極拳中的應用，另一方面也是為了糾正對這些物理學概念的誤解。

　　武術的定義是：「以中華文化為理論基礎，以技擊方法為基本內容，以套路格鬥功法為主要運動形式的傳統體育。」太極拳是武術的一個組成部分，當然要講技擊。本書用大量的篇幅講技擊，但是我們的主要目的是健身，按照太極拳原本的技法練拳是達到健身目的的一個途徑。

　　我的一些朋友、學生經常勸我，希望我能把給學生講解的拳理、拳法寫出來。從 2011 年夏開始動筆，原以為用不了一年便可完成，但動筆之後，才有了「山高路遠」

之感。特別是對套路中的某些拳式，經歷了反覆試驗、反覆修改的艱難過程。對於熟識洪傳陳式太極拳的朋友，看到本書中的某些拳式圖說，可能不以為然。這裡，我借用洪師在《陳式太極拳實用拳法・自序》中的一段話給出解釋，「拳法各式動作，雖較原來略有改變，然而對陳鑫先生提出的基本規律——纏法則嚴格遵守，且更加縝密細緻」。

限於作者水準，書中不足之處甚至錯誤在所難免，望讀者批評指正。

楊喜壽
於山東大學南山社區寓所

目　錄

一、太極拳的淵源及傳承

　　本書主要參考文獻為洪均生著《陳式太極拳實用拳法》，陳鑫著《陳式太極拳圖說》，王宗岳著《太極拳論》。以後將其分別簡稱《實用拳法》《陳說》《王論》。

　　太極拳發源於何時、何地，由誰創造，是一些有爭議的問題。我認為像現在這樣完美的太極拳不會是在一時、一地由一人所創造，而是經歷了一個漫長的發展演變過程。《陳說》中提到「太極理循環，相傳不計年」，也就是表達了這樣的意思。只不過在某地、某時確實出現過幾位對太極拳做出突出貢獻的代表人物，例如明末清初河南溫縣陳家溝陳王廷就是一位創造太極拳的代表人物。

　　陳王廷為明末軍人，精通拳術，明亡閒居在家，所作一詞有這樣的一段：「歎當年披堅執銳，掃蕩群氛……到而今，年老殘喘，只落得黃庭一卷，隨身伴，閑（原文「悶」）來時造拳，忙來時耕田……」當然，現今所流行的太極拳不會完全像他當年所造之拳。他當年所造之拳只能說是太極拳的雛形。

　　現在流行的陳式太極拳有一些式名和戚繼光的《拳經三十二勢》中的式名相同或相近。戚繼光生於1528年，

27

去世於1587年。陳王廷生於1600年，去世於1680年。陳王廷從軍期間，想必應當學過戚繼光的拳法，至少是瞭解的。明朝亡於1644年。我猜想，陳王廷回鄉所創編的拳法應當與戚繼光所傳拳法有一定的關係。

經歷數百年的傳承發展，太極拳現已是中華武術的重要組成部分。太極拳從陳氏傳到其他姓氏以後，逐漸產生出具有新的特色的太極拳門派，例如被稱為楊式、武式、吳式、孫式等門派。楊、吳、武、孫式太極拳的創始人分別是：楊露禪、武禹襄、吳鑒泉、孫祿堂等。原發太極拳則被稱為陳式太極拳。新門派的形成一般有三個條件，即創始人功夫好、拳法有特點、弟子眾多。創新未必是全面超越，而主要是另具特色。

太極拳的傳承如圖1－1所示。

陳家溝陳氏第一世為陳卜。據說陳卜精通拳械，但年代久遠，無從可考。有史料可考的應從陳王廷開始。一代宗師陳發科先生是陳氏第十七代。若從陳王廷開始，陳發科先生應為太極拳第九代傳人。陳發科先生於1928年由陳家溝進京授拳。

洪均生老師於1930年開始在北京從陳發科先生學習陳式太極拳。洪師所著《陳式太極拳實用拳法・自序》中寫道：「朝夕相隨，學拳十五載，言傳身教，獲益匪淺。」洪師於1944年遷居濟南，開始在濟南傳播陳式太極拳。現在洪門弟子所練的套路是洪師於1956年以後改編定型的。

1956年春，洪師再次赴京向陳發科老師請教。洪師講：「蒙師從頭指點，將套路各式之動作詳加講解，並親

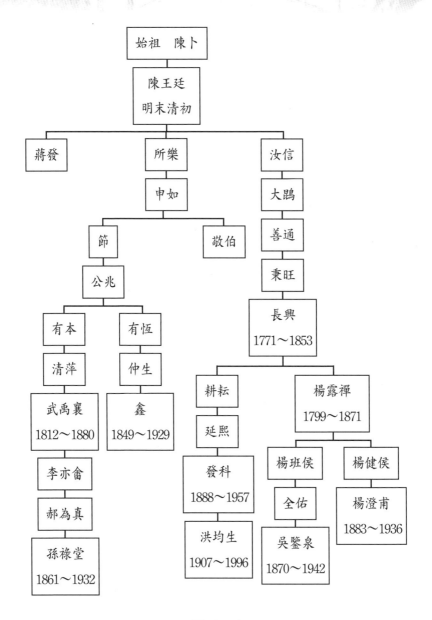

圖 1－1

手教我試驗。」洪師又講：「我當時徵得陳師允許，將他所講解試驗的著法，融貫於原來所學的套路中，企冀為學拳者開闢一條走向掌握陳式技擊奧妙的捷徑。因此，從1956年後，遂以此套路拳法傳於濟南學生。」洪均生老師於1996年去世。

五十多年間，洪師培養的學生遍及全國及世界許多國家和地區。洪師雖已去世，但繼承其拳藝者眾多，因為他所傳授的陳式太極拳和其他地方演練的拳架略有不同，所以又被稱為「洪傳陳式太極拳」或「洪派陳式太極拳」。現在也有許多人將其稱為「洪式太極拳」。在本書中，這幾種稱謂我們也間或使用。儘管如此，洪均生老師所傳授的拳法仍應為典型的陳式太極拳。一是因為洪師繼承於陳發科先生，只是在陳發科先生拳法的基礎上有所發展。二是洪師深入地研究了《陳說》，所有的發展都基於《陳說》中的纏絲勁、纏法理論。

目前各地所演練的陳式太極拳大都來源於陳發科先生，但練法有明顯差異。差異主要表現在以下幾個方面：套路結構、個別拳式式名、個別拳式練法、練拳風格等。

我認為，即使有這些差異，即使練法不完全和當年陳發科先生所授相同，仍然應是陳式太極拳。太極拳的共同點是在練法上強調「鬆、慢、圓」；太極拳中的陳式太極拳的共同點是強調「纏絲勁」和「纏法」。

我於1981年元月拜洪均生為師學練陳式太極拳，隨後攜小女楊爽一起跟洪老師學拳。在跟隨洪師15年的時間裡，得到洪師熱情關懷和精心指教，在拳藝和做人兩個方

面都深受教益。我當時已步入中年，洪師仍鼓勵並期望我能成功，這使我終生難忘。

下面是洪師對學生的鼓勵之詞：

「山東大學數學系教授楊君喜壽謙敏好學，從我習練陳式太極進步較快。小女楊爽亦聰穎可愛，對文武兩途，都是好苗子，希見有成。

一九六六年我曾戲作西江月小詞有句：萬里長征不難，只要步步向前。菏澤學拳女生閻浩然見而愛之，請我書為座右銘。今書之以示小爽，質之喜壽以為何如。」

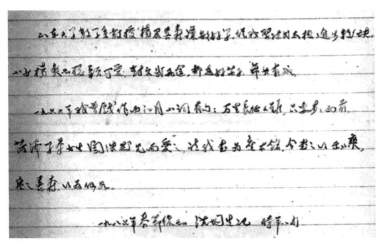

圖1-2　洪師手跡影印件

關於我學拳的經歷，在本書的附錄中寫成《學拳小記》一文。從20世紀80年代末，我在山東大學校園開始教授陳式太極拳，在這二十幾年練拳、試驗、教學過程中逐步加深了對洪師所授拳理拳法的理解。寫本書的目的也

就是希望將陳式太極拳發揚光大。

張三豐創立太極拳的傳說至今廣為流傳。上面我們提到的《王論》，有一版本是早年「萬縣興隆街裕興昌印」，其中有一評注：「右係武當山張三豐老師遺論，欲天下豪傑延年益壽，不徒作技藝之末也。」沈壽先生所點校考譯的《太極拳譜》有如下一段文字：

以上原注，顯係後人所加……純屬附會而已。所謂「張三豐創太極拳」之說亦自茲而興。前人對此做過許多考證工作，如清代李亦畬抄寫的王宗岳太極拳譜，有跋文作於光緒七年，據唐豪考證認為「亦畬太極拳序云：『太極拳不知始於何人。譜中亦無武當山真仙張三豐老師遺論等注，可證太極拳附會於張三豐，乃光緒七年以後的事。』」

李亦畬為清末太極拳名家，對太極拳有很深入的研究，如果太極拳真為張三豐所創，他是不會不知道的。我認為以上考證非常有力，張三豐創太極拳無疑是不真實的傳說。

二、纏 法

「纏法」一詞用於太極拳，見於文字較早期的著作是陳鑫的《陳式太極拳圖說》。《陳說》中關於纏法有以下論述：

「太極拳纏法也，進纏、退纏、左右纏、上下纏、裡外纏、大小纏、順逆纏，而要莫非即引即纏即進即纏。」

「吾讀諸子太極圓圖而悟，打太極拳須明纏絲勁。纏絲者，運中氣之法門也，不明此即不明拳。」

「拳以太極名，古人必有以深明乎太極之理，而後於全體之上下左右前後，以手足旋轉運動，發明太極之蘊……」

《陳說》提到了順、逆纏，但何為順纏、何為逆纏沒有詳細說明。洪師在其著作《陳式太極拳實用拳法》中將手的順、逆纏法定義為：「凡拇指向外翻轉將掌心轉向上，則為順纏；小指向外翻轉將掌心轉向下，則為逆纏。」在做順、逆纏法時，手掌不是平面，而是呈螺旋形，即以中指領勁，梢節轉的幅度略大，越往根節轉幅度越小，拇指根節與手掌貼近。陳式太極拳握拳時，就是使用順纏握成螺旋形。

　　腿部順、逆纏法是這樣定義的：膝部上提外轉為順纏，膝部下垂內扣為逆纏。軀幹的纏法即為左右轉體。身體的左右轉動和腿的順、逆纏法是相互配合的。身體左轉，腿部是左順右逆；身體右轉，腿部是右順左逆。應當注意的是在左右轉體時，軀幹的中心軸線要垂直地面，不得左右傾斜。

　　陳式太極拳的基本規律是纏法，所謂內勁就是纏絲勁。纏絲勁、纏法是陳式太極拳的核心內容，書中所講的拳理拳法都離不開纏絲勁、纏法。

　　以下介紹幾個應用纏法的例子。

（一）軀幹的纏法

　　假定乙（穿深色衣者）用雙手推按甲（穿淺色衣者）胸部（圖2－1），甲向右（或向左）轉體，就可化解乙的來力。如果乙用力過猛，就會向前傾倒（圖2－2）。

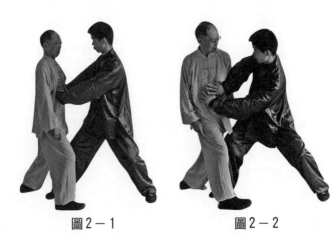

圖2－1　　　　　　　　圖2－2

（二）手的纏法

經由手部順、逆纏法的日久練習，可培育出手指良好的纏絲勁，使手指非常靈巧。在與對方交手時，手指靈巧的動作可起到「四兩撥千斤」的作用。

例如：當乙按甲胸部時（參見圖2-1），甲右轉體化解乙的按法（參見圖2-2）；乙左手順纏用中指梢節按甲胸部右側，則可使甲向後傾倒。當然，這種手部順、逆纏法的功能也必須有整身旋轉的協調配合。

許多拳術都使用所謂「金絲纏腕」拿法。在陳式太極拳的套路中多處使用金絲纏腕拿法，實際上它就是一種反拿法。

例如：對方用右手拿我右手腕，我用左手扣壓在對方右手背上，右手順纏反拿對方右手腕，這樣的拿法簡稱為「右纏拿」。左纏拿和右纏拿是左右對稱的。

再舉一種雙手抱纏的拿法，其方法是左手拿對方左手腕，右手從下方扣緊，雙手順纏，這樣的拿法稱為「雙抱纏」。在陳式太極拳的套路中有幾處使用雙抱纏。在以後講解拳式動作時，直接使用右纏拿、左纏拿、雙抱纏這三個詞，不再詳細說明。

三、太極十三勢

洪師在其著作中講：「太極拳譬如一座建築物，十三勢則是它的建築材料。在手法上為掤、捋、擠、按、採、挒、肘、靠八法；在步法上為前進、後退二法；在眼法上為左顧、右盼二法；在身法上為中正一法。陳式與其他式在原則上是相同的，但在講解和運用中大有不同。」

這裡把八法稱為手法，是廣義的，因為其中包括肘法和靠法。洪師對太極拳中的十三勢有獨到見解，他總是用纏法、纏絲勁來講解十三勢。我們依照眼法、身法、步法、手法的順序對十三勢作較為詳細的討論。

（一）眼　法

眼所視方向有順逆之分。主要方向是未動步前，以出步的方向為主。出步方向定後，則以手的最後攻擊目標為準。眼的方向和身法、步法一致為順，眼的方向與身體旋轉及手法運行方向相反為逆。這裡講「主要方向」，是因為眼的視角約150°，拳論中有「左顧右盼」之說，所顧之點為實，就是主要方向；所盼之面為虛，是次要方向。

拳式中的動作眼法多為順，也有逆。例如：一路拳第十三式金剛搗碓的第1動是右側掤法，身向左轉，手向左

前運行，眼向右看，眼法為逆。再如：一路拳第十六式背折靠等2動，右轉身，右手向上轉，眼看左前下方，眼法為逆。練拳時這種逆勢眼法最易犯錯，「眼隨手運」的提法是不確切的。

拳式中有些動作雙手同時向相反方向運動，眼應隨哪隻手運？例如倒捲肱式，當左手向前運行時，右手同時向後方運行，此時眼仍應向前看左手方向，因為目標在前方。但有的隨著右手向後運行，眼也隨著向後看，這是不正確的。

（二）身　法

太極拳要求身法中正。就身法中正這一點，練拳時易犯身體前傾後仰、左右歪斜等錯誤。以一路拳第三十三式左蹬腳為例，應以左手控制住對方左手，蹬腳時身體不能上起，不能向右傾斜，要踏好襠勁。

有的人練這一式時身體上起且向右傾斜，意欲放長擊遠，實則重心不穩。在運動過程中，每一動都是在或左或右轉體帶動下完成的。左右轉體是由左右腿的順、逆纏法配合完成的。左右腿順、逆纏法配合轉體，使身體呈螺旋型，而軀幹的中心軸垂直地面。

（三）步　型

前面講十三式步法時，只提到前進後退。這裡我們將詳細講述太極拳中的步法，包括步型、腳步移動以及兩人交手時的順步、合步、套步、襯步等。

步型分為6大類，每類又可分為若干小類。

1. 馬 步

（1）小正馬步

小正馬步是兩腳開離一肩寬，兩腳平行站立。若以小正馬步站立，兩臂在身體兩側自然下垂，目視前方，虛領頂勁，胸部虛含，腿彎部微屈，尾骨長強穴略後翻，膝部略內扣，襠部開圓。這種姿勢可作為太極拳一種樁功來練，稱為無極樁。

（2）大正馬步

大正馬步比小正馬步步幅大，約兩肩寬。由於步幅大，所以重心也就略低。為了降低重心，可儘量下蹲，但下蹲時大腿根部必須高於膝部。以後提到馬步也就是指大正馬步。

（3）左側小馬步、右側小馬步

假定面南小正馬步站立，將右腳腳尖外擺約45°，同時右轉體，面向西南便成右側小馬步。左側小馬步和右側小馬步左右對稱。

（4）左側馬步、右側馬步

假定面南馬步站立，將右腳外擺約45°，同時右轉體，面向西南便成右側馬步。左側馬步與右側馬步左右對稱。在拳式中，側馬步是使用較多的步型。

（5）內八字步

由馬步將某一腳腳尖內扣，或兩腳腳尖同時內扣，便成為內八字步。

　　內八字步多用於後掃腿時。例如欲後掃右腿，先內扣左腳腳尖，為右腿後掃造勢。

　　（6）外八字步

　　由馬步將某一腳腳尖外擺便成為外八字步。外八字步多是為了增大轉體的角度。

　　例如：一路拳第三式六封四閉的第4動，為加大左轉體的角度而外擺左腳尖。

2. 虛　步

　　虛步分前、後、左、右共4種。

　　（1）左前虛步、右前虛步

　　假定面南小正馬步站立，左轉體，左腳腳尖外擺約45°，面向東南，重心落於右腿便成為左前虛步。右前虛步和左前虛步左右對稱。

　　洪派拳法前虛步的前腳一般不是腳尖點地，而是全腳掌著地，但有些前虛步的前腳是須腳尖點地。在以下講解套路拳式時，遇到這種情況將特別加以說明。

　　（2）左後虛步、右後虛步

　　假定面南小正馬步站立，右轉體，右腳腳尖外擺45°，左腳以腳尖為軸外擺約45°，面向西南便成左後虛步。左後虛步左腳腳尖點地，右後虛步和左後虛步左右對稱。

3. 仆　步

　　仆步有大、中和左、右之分。

（1）左大仆步、右大仆步

假定面南站立，兩腳開離較馬步略大，右腿屈膝下蹲，左腿下鋪，腿肚著地，左腳全腳掌著地，腳尖指向南，這是左大仆步。右大仆步和左大仆步左右對稱，以下就稱大仆步為仆步。

（2）左中型仆步、右中型仆步

將左側馬步重心再後移，即右腿屈膝下塌便成為左中型仆步。右中型仆步和左中型仆步左右對稱，以下也將中型仆步稱為半仆步。

4. 盤 步

盤步有大小和左右之分。

（1）左小盤步、右小盤步

假定面南小正馬步站立，右轉體，右腳以腳跟為軸腳尖外擺約180°，左腳以腳尖為軸腳跟外擺約90°，面向西，這是右小盤步。左小盤步和右小盤步左右對稱，以下也稱小盤步為盤步。

（2）左大盤步、右大盤步

假定左半仆步站立，左轉體，左腳尖外擺，右腿弓膝塌勁，即為左大盤步。右大盤步和左大盤步左右對稱。

5. 弓 步

弓步分左右。假定面南馬步站立，左轉體，左腳尖外擺約45°，右腳尖略內扣，左膝弓而右腿蹬，即為左弓步。右弓步和左弓步左右對稱。

6. 獨立步

獨立步分左右。左腳立地，右腳提起為左獨立步；右腳立地，左腳提起為右獨立步。

例如：一路拳第五十八式左金雞獨立為左獨立步，左腿站立，膝部微屈；右腿提膝，大腿與地面平行，小腿垂直地面，腳面平行於地面向前伸展。

（四）步　法

1. 腳步移動

關於腳步的移動，規定了以下的一些說法，這些說法並不是太極拳的統一規定，只是為了方便講解拳式之用而提出的。

(1)收腳：前腳收但仍在前。

(2)撤腳：前腳移到後面，變為後腳。

(3)退腳：後腳後移，前腳不動。

(4)出腳：左腳位置不動，右腳向右邁出為出右腳；右腳位置不動，左腳向左邁出為出左腳。

(5)跟步：後腳向前腳移動但仍在後。

(6)進步：左腳位置不動，腳尖外擺成盤步；右腳移到左腳的前面，為進右步。進左步和進右步左右對稱。

(7)滑退步：假定右腳在後，右腳後移，左腳隨著收，這為右滑退步。左滑退步和右滑退步左右對稱。

(8)滑進步：假定右腳在前，出右腳，左腳跟步，這

為右滑進步。左滑進步和右滑進步左右對稱。

(9)蓋步：左腳不動，右腳提起，右腿順纏，右腳尖外擺，右腳經左腿前側進到左腳左前側，稱為右蓋步。左蓋步和右蓋步左右對稱。

(10)偷步：左腳不動，右腳提起，右腿順纏，右腳走外弧線經左腿後側撤到左腳左後側，稱為右偷步。左偷步和右偷步左右對稱。

(11)左轉換步：假定左前步站立，左轉，退左腳出右腳變為右前步。

(12)右轉換步：假定右前步站立，右轉，退右腳出左腳變為左前步。

左轉換步和右轉換步是退中有進的步法，是拳法中使用較多的步法。在以下講解拳法動作時，將直接引用「左轉換步」和「右轉換步」而不再詳細說明。

在洪師所著《陳式太極拳實用拳法‧三字經》中有「步進退，隨身轉」之句。

例如：一路拳第十四式十字手第2動，由小正馬步出右腳變右半仆步，要求出右腳時左腳尖外擺，左轉體，左腿屈膝塌勁，右腳腳跟擦地向右出，到兩腳相距約兩肩寬時全腳掌著地，重心偏左。向左側出腳是類似的。

例如：一路拳第四式單鞭第5動，由左虛步出左腳變左半仆步，要求出左腳時右腳尖外擺，右轉體，右腿屈膝塌勁，左腳腳跟擦地向右出，到兩腳相距約兩肩寬，重心偏右。單鞭向左出左腳的另一種練法是：重心全移到右腿，左腳提起；右腿屈膝下蹲，左腳向左鏟出。這樣出腳

方法，對方在你左側推按你左臂，你提起左腳，重心不穩，易向右側傾倒；重心全移到右腿，出左腳時下蹲，右膝關節吃力過重，長此以往易受傷。

再如由左前虛步進右步變右側馬步，先左轉，左腳尖外擺變左盤步，再繼續左轉進右步。這樣進步既能保持身體中正，有利於穩定，又不至於使身體重心移到單腿上的時間過長，以避免膝關節吃力過大而受傷。

《王論》中講：「進之則愈長，退之則愈促。」也可以說「進步要柔，退步要剛」。洪師所授拳法，幾處退步掃帶最能體現出「既速而剛」的特點。如一路拳的第十三式金剛搗碓的第4動是用右腳掃帶對方左腳，腳跟貼地，迅猛有力。

2. 二人交手時的步法

(1)順步：甲乙二人交手時，甲出左（右）腳，乙出右（左）腳，其雙方成順步之勢。

(2)合步：甲乙二人交手時，甲出右（左）腳，乙也出右（左）腳，其雙方呈合步之勢。

(3)襯步：二人交手時，若用腿的外側與對方腿相貼，稱為襯步。

(4)套步：二人交手時，若用腿的內側與對方腿相貼，稱為套步。

3. 步法應用

(1)當甲乙雙方順步站立且甲為襯步，以甲左腿襯乙

右腿為例，甲左轉體，左腿順纏腳尖外擺，用左腿的掤勁（關於掤的意義下面講）可迫使乙傾倒。

(2)若乙以左腿襯甲右腿，左轉體，左腿順纏腳尖外擺時，甲則隨之右轉體，右腿順纏腳尖外擺，然後收右腳，即用右腳掃帶其左腳，可使甲倒地。

(3)當甲乙雙方右前步合步站立且互為襯步。若甲右腿逆纏略向左前轉掤，可迫使對方倒地。

這種襯步外掤、套步掃帶也是洪派拳法的特色，充分體現出腿部纏法的作用。另外，還有一種後向襯步的拳式，例如二路拳第十式徑攔直入，是用右腿後側襯對方右腿後側，右腿向後崩彈，迫使對方向後倒。再如二路拳第三十五式伏虎的第1和第2動，是向右後側出右腳，用右腿後側襯對方左腿內側，然後使用後崩彈的著法，使對方向前傾倒。

(4)當甲乙雙方順步站立，乙為套腿形式。例如乙以左腿套甲右腿，甲若右腿順纏外掤，則乙可以左腳順纏掃帶。若甲左腿塌勁，並未順纏，這時乙不可用順纏掃帶的方法，可用勾帶的腳法，即左腿逆纏，腳尖向內、向上勾起，勾住對方右腳踝，腳跟貼地向右方帶，使對方坐地，這是左勾帶。右勾帶和左勾帶左右對稱。如果甲乙雙方呈合步站立，互為襯步，也可用勾帶之腳法。

（五）手　法（八法）

「掤、捋、擠、按、採、挒、肘、靠」是獨特的太極拳技法，稱為八法。

太極拳界一般認為：「掤」就是手背向上的勁；「捋」是雙手向回、向側拽的勁；「擠」是用手背向外發勁；「按」是雙手自上向下將物體按下去的勁；「採」是向下拉拽的勁；「挒」是雙手橫撥之勁。

洪老師對八法有獨到的見解。洪師論述八法是以纏法為基礎，並提出了分力與合力的概念。將雙手向相同方向用力稱為合力，將雙手向相反方向用力稱為分力。這裡所說的分力、合力不是近代物理學中的分力、合力。為了不至於和近代物理學概念混淆，將雙手向相同方向用力稱為順勁，雙手向相反方向用力稱為逆勁。

1. 掤

有一次我到洪師家中求教，我問洪師「掤」字的含義。洪師做了一個手勢，將雙手在胸前立起，五對手指肚相抵，手掌根部稍離，呈三角形支撐，並且說：「掤字的含義如舊時房子的檁條相互支撐的意思，但用在太極拳，意義引申了。」

掤字有二義。一是指「掤勁」，即透過螺旋運動的順逆互變持久鍛鍊，產生的一種勁，就是纏絲勁，也就是內勁。掤勁貫穿於八法之中。二是「掤法」，即用以接對方來手的著法。在具體講解拳法動作時，使用最多的詞就是「掤法」。下面舉例說明掤法的意義。

若我右臂在胸前，手離胸口約一肩的距離，手心向下。對方雙手推我右前臂，我右轉體，右手順纏，手心翻轉向上，以肘領手走裡弧線收轉到右肋部，也就是以下要

講的平旋圈的裡半圈。如此可將對方雙手引向我右側並使身體前傾。稱此為右手順纏「引掤」。

這裡的「引」字就是拳法中「引進落空」之引，加一「掤」字是強調引時不得丟勁，要有黏勁，要走弧線，不能直來直去，不能死拉硬拽。這種掤勁是手部順纏結合走弧線回收而生成的，是「不丟不頂」的勁。如果沒有纏法，回收時不用力便丟，用力便頂。

掤勁、掤法不只是用在手臂上。實際上，在與對方交手時，凡是與對方接觸的身體的任何部位都會產生掤勁，都可以使用掤法。

2. 捋

捋法分左右，以左捋為例。假定有甲乙二人，甲在左、乙在右，二人馬步站立，呈順步之勢，甲眼看右方，左手拿乙左手手腕，右前臂搭在乙左臂臂彎處；甲左轉體，左手順纏走裡左弧線收轉到胸口；右臂順纏，肘走裡左下弧線收至肋部。這是甲的馬步左捋法。

與上述馬步左捋法類似，如果甲左轉體，左腿弓膝下塌成右仆步，左手拿對方左手腕順纏走裡左上弧線轉向左前上斜角，右手順纏，右肘向左上收至胸口右前側，右手揚向右前上斜角。這是甲的仆步左捋法。

左捋法雙手以順勁為主，即皆向左用力。左捋的右臂在肘部順纏收的同時，手部有順纏外開的動作，使得有逆勁的效果。這也就是順勁中有逆勁，以順勁為主。甲左右手臂這種螺旋形運動加在乙左臂上，就如同擰毛巾一樣。

3. 擠

擠法多指以手背向外發力，例如一路拳第四式單鞭第3動和第4動。還有另外兩種擠法：

一是，手心向下，用手掌小指一側逆纏向外發力，例如一路拳第六十一式左進步擠第2動的左手；

二是，手心向上，用手掌拇指一側順纏向外發力，例如一路拳第六十一式左進步擠第3動的左手。

4. 按

洪均生老師所講解的按法，是指用手掌推向對方。按法有雙手按和單手按。

雙手以手掌逆纏推向對方為雙按，例如六封四閉最後一動就是雙手逆纏向右側將對方的雙手臂封按於其胸部。

以單手手掌推向對方為單手按，例如單鞭最後一動是左手單按，即左手順纏推按對方的胸部。

5. 採

採法有左右、上下之分。以右上採為例，右手拿對方右手腕，右轉體，右手逆纏走右前上弧線；右手也可拿對方左手腕內側，右轉體，右手逆纏走右上弧線。右手拿對方右手腕用右上採法時，左手可逆纏走左下弧線擠對方肋部。右手拿對方右手腕用右上採法時，可用左前臂搭在對方右肘部外側順纏收肘，這也稱為右雙上採法。

右雙上採法的左右手同向右用力，以順勁為主，但左

臂向右收肘時手掌部位順纏略向左外轉，產生逆勁。這也就是「收中有放，放中有收」的拳法，符合「陰中有陽，陽中有陰」的拳理。

左上採法和右上採法左右對稱。如果右手拿對方右手腕逆纏向右下引，左前臂搭在對方右肘部外側順纏收肘，稱為右下雙採法，簡稱右下採法。左下採法和右下採法左右對稱。

6. 挒

挒法有左右之分。假定乙在甲右前側，甲左手拿乙之左手腕順纏向左、向胸口收轉，右前臂搭在乙左肘上側先逆纏後順纏向右前下轉，雙手走逆勁，這就是右挒法。右挒法右手順纏開時，右肘向內收。挒法是以逆勁為主，肘部有順勁。左挒法和右挒法左右對稱。

用挒法時，拿對方手腕的手順纏轉向胸口，在轉到胸口時手腕略向下、向內扣，外形好似逆纏，實則是加大順纏，這是洪式拳法的細節。在交手時往往就是這樣的細節起關鍵作用。

捋法、採法（左或右雙上採）和挒法的主要區別有兩點：一是握對方手腕的手纏法不同，捋法和挒法是順纏，採法是逆纏；二是挒法雙手以逆勁為主，採法和捋法以順勁為主。

7. 肘

套路中有以順攔肘和拗攔肘命名拳式，都是發的右

肘。向右轉體向右發右肘為順攔肘，向左轉體向左發右肘為拗攔肘。

另外，還有不少拳式包含有肘法，例如：一路拳的二起腳式和二路拳的手肘式中都包含右穿心肘擊法。

8. 靠

靠法有肩靠、胯靠、臀靠、膝靠等。就肩靠而言，又有肩前側靠（稱為迎門靠）、肩後側靠、肩外側靠。相比其他拳種，陳式太極拳使用靠法較多。

《陳說》中講的「我身無處非太極」和「遭著何處何處擊」，都與使用靠法有關。

四、基本功練習

　　就是初學拳的學生也常會有人問：「基本功怎麼練？」

　　我反問：「你為什麼要練基本功？」學生回答說：「聽說『練拳不練功，到老一場空』。」

　　特別是稱為內家拳的太極拳，內功是根本，內功也就是內勁，陳式太極拳的內勁就是纏絲勁。

　　既然陳式太極拳的內勁就是纏絲勁，習拳者就有必要將纏法作為基本功練習。現將人體分為三大部分，即上肢、軀幹和下肢。軀幹部分的纏法是腰部的左右旋轉。無論是上肢還是下肢在做纏法時都要以腰部的左右旋轉來帶動，也就是說在做上肢和下肢纏法練習時，也必然練了腰部的纏法。

　　以「雲手」作為上肢的纏法基本功練習。洪門弟子將雲手俗稱為「劃圈」。仿照地球圍繞太陽轉動，將手部的順逆纏法視為手臂的「自轉」；手臂向左右、前後、上下移動，則為「公轉」。公轉配合自轉組成了正旋圈、反旋圈和平旋圈。

　　單手劃圈就是單雲手，雙手配合劃圈就是雙雲手。

（一）單雲手

1. 正旋圈

以右手為例。假定面南馬步站立，右轉體面向西南，右腳尖略外擺，塌下襠勁成右側馬步。右手貼身順纏提到胸口，左手掐腰。

這是右手劃正旋圈的預備姿勢（圖4-1）。從右手劃圈預備姿勢開始，運行過程為：

①身體右轉，右手逆纏走外右上弧線轉向右前上斜角。（圖4-2）

②身體微左轉，右手順纏下沉，鬆肩、沉肘、塌腕。（圖4-3）

③身體微左轉，右手順纏走下左弧線將肘收到肋部，中指揚向右前上斜角。（圖4-4）

④身體微左轉，右手順纏收轉到胸口，手心對胸口。

圖4-1　　　　　圖4-2　　　　　圖4-3

（圖4-5）

　　①～④動完成正旋立圈一圈。為了以下講解拳法動作時方便，將右手公轉的曲線分為四個小段，圖4-1、圖4-2為正旋圈第一段，圖4-2、圖4-3為第二段，圖4-3、圖4-4為第三段，圖4-4、圖4-5為第四段。四段組成正旋圈一圈。第一段身體右轉，第二、三、四段身體左轉。

　　在講解拳式時，稱第一段為正旋上弧線開，第二、三、四段為正旋下弧線收。

　　左手劃正旋圈的預備姿勢與右手劃正旋圈的預備姿勢左右對稱，劃圈的過程也和右手劃正旋圈左右對稱。

2. 反旋圈

　　仍以右手為例。右手劃反旋圈的預備姿勢和劃正旋圈預備姿勢相同（圖4-6）。將右手公轉的曲線也分為四段。其過程如下：

圖4-4　　　　　圖4-5　　　　　圖4-6

　　①身體右轉，右手逆纏走裡右下弧線轉到右胯右前方約一前臂的距離。（圖4－7）

　　②身體右轉，右手逆纏走右上弧線轉到右前斜角，高與眼齊。（圖4－8）

　　③身體左轉，右手順纏，向胸口方向收肘，以肘領手走，肘收到右乳下，右手中指指向右前上斜角。（圖4－9）

圖4－7　　　　　　　　圖4－8

圖4－9

圖4－10

④身體右轉，肘貼身撤到肋部，肘領手走裡右下弧線轉到胸口，中指指向左前上斜角。（圖4－10）

①～④動組成反旋圈一圈。圖4－6、圖4－7為反旋圈第一段，圖4－7、圖4－8為反旋圈第二段，圖4－8、圖4－9為反旋圈第三段，圖4－9、圖4－10為反旋圈第四段。四段組成反旋圈一圈。在以下講解拳式時，也稱第一段為反旋下弧線開，第三段為反旋上弧線收，並且常提醒曰「收肘不收手」。

左手反旋圈和右手反旋圈左右對稱。

3. 平旋圈

上面講的正旋圈和反旋圈是立圈。正旋圈是上弧線開，下弧線收；反旋圈是下弧線開，上弧線收。拳法中還常用一種平旋圈。以右手為例。從面南馬步開始，右轉體面向西南，右腳尖略外擺，塌下襠勁成右側馬步。左手搯腰；右手逆纏走上外弧線轉向右前斜角，高與胸口齊，手

心向下，手指指向左前斜角。這是右手劃平旋圈的預備姿勢（圖4－11）。劃圈過程如下：

①右轉體，右手順纏，手心向上，以肘領手走裡弧線收到右肋部。（圖4－12）

②左轉體，右手逆纏，手心向下，以手領肘，手走外弧線轉到開始位置。（圖4－13）

動作①為平旋裡弧線收，動作②為平旋外弧線開。左手平旋圈和右手平旋圈左右對稱。

圖4－11

圖4－12　　　　　圖4－13

4. 平旋外半圈

上面講的平旋圈的手法是順纏裡弧線收，逆纏外弧線開。有些拳式手法是順纏外弧線收，出手仍然是逆纏走外弧線開，這樣的手法稱為「平旋外半圈」。以右手為例，預備姿勢。（圖4－14）

①右轉體，右手順纏，手心向上，以肘領手走外弧線收到右肋部。（圖4－15）

②左轉體，右手逆纏，手心向下，以手領肘，手走外弧線轉到開始位置，參見圖4－13。

圖4－14　　　　　　　　圖4－15

動作①為平旋外弧線收，動作②為平旋外弧線開。實際上，動作①和動作②手運行的是同一條弧線，左手平旋外半圈和右手平旋外半圈左右對稱。

在拳式中，就手臂而言，很多動作都是左右手的正旋

圈、反旋圈、平旋圈以及平旋外弧半圈配合而成的。例如金剛搗碓的第2動就是右轉體，右手正旋上弧線開，左手反旋上弧線收。

從用法講，正旋上弧線開，可以是上採法，也可以是擠法；正旋下弧線收、反旋上弧線收是收掤法；反旋下弧線開，可以是下採法，也可以是擠法；平旋裡弧線收、平旋外弧線收是引掤法；平旋外弧線開是擠法。

上述4種劃圈手法都稱為單雲手。單雲手出手要求手領肘，肘領肩；反之，收手時要求肩領肘，肘領手。

單雲手手的運行可與呼吸配合。剛開始練習時，要注重手型、手運行的路線以及手的運行和身體轉動的配合，呼吸順其自然。動作熟練之後，可練習手的運行與呼吸的配合，即出手時呼氣，收手時吸氣。

呼吸採用「逆式呼吸法」，也稱為「腹式呼吸」，即吸氣時收腹，呼氣時鼓腹。逆式呼吸是在體力勞動和競技體育運動中常用的一種呼吸方式，例如掄起大錘打釺，發力向下打時用逆式呼吸。

練雲手時，還可加意念。出手或是收手雖是緩緩運行，但在意念中，出手好像用手的小指一側將一重物擠出似的，是向外發力。收手時，意念為有人在推我的手臂，我以手臂順纏黏住對方，不丟不頂地向回引。

（二）雙雲手

將單雲手中的左右手正旋圈配合運行構成雙雲手。雙雲手的手法是：左手正旋圈上弧線開，同時右手正旋圈

下弧線收；左手正旋圈下弧線收，同時右手正旋圈上弧線開。雙雲手即雙手一上一下正旋圈配合運轉。以下簡稱雙雲手為「雲手」。

根據不同的步法，我們將雲手分為幾種類型。

1. 定步雲手

【預備勢】左側馬步站立，雙手兩側自然下垂，眼看左前側。過程為：

①右轉，左手順纏走裡左上弧線轉至胸口，右手逆纏走外上左弧線轉至胸前，高齊下頦，離胸口約一前臂。

②左轉，左手正旋上弧線開，同時右手正旋下弧線收。

③右轉，右手正旋上弧線開，同時左手正旋下弧線收。

重複②和③，反覆運行，即為定步左雲手。定步右雲手和定步左雲手左右對稱。

2. 滑步雲手

【預備勢】小正馬步站立，雙手兩側自然下垂，過程為：

①右轉，眼看左側，右腳尖外擺，左腳跟提起，成左前虛步；左手順纏走裡左上弧線轉至胸口，右手逆纏走外上左弧線轉至胸前，高齊下頦，離胸口約一前臂。

②左轉，左滑進步成右後虛步，同時左手正旋上弧線開，右手正旋下弧線收。

③右轉，右滑退步成左前虛步，同時右手正旋上弧線開，左手正旋下弧線收。

重複②和③，反覆運行，即為左滑步雲手。右滑步雲手和左滑步雲手左右對稱。

3. 跟步雲手

【預備勢】左側馬步站立，雙手兩側自然下垂，眼看左前側。過程為：

①右轉，左手順纏走裡左上弧線轉至胸口，右手逆纏走外上左弧線轉至胸前，高齊下頦，離胸口約一前臂。

②左轉，跟右腳成右後虛步，同時左手正旋上弧線開，右手正旋下弧線收。

③右轉，出左腳成左側馬步，同時右手正旋上弧線開，左手正旋下弧線收。

重複②和③，反覆運行，即為右跟步雲手。右跟步雲手是向左側運行。左跟步雲手和右跟步雲手左右對稱，是向右側運行。

4. 偷步雲手

將右跟步雲手中的右跟步改為右偷步，即為右偷步雲手。右偷步雲手是向左側運行。左偷步雲手和右偷步雲手左右對稱，是向右側運行。

5. 蓋步雲手

將右跟步雲手中的右跟步改為右蓋步，即為右蓋步雲

手。右蓋步雲手是向左側運行。左蓋步雲手和右蓋步雲手左右對稱，是向右側運行。

（三）盤 步

盤步是練習腿部和腳踝部纏絲勁的基本功。預備姿勢為馬步站立，雙手掐腰（圖4－16）。運行過程為：

圖4－16

①左轉體，左腿順纏，左腳尖儘量外擺。（圖4－17）
②右轉體，左腳尖儘量內扣成內八字步。（圖4－18）
③右轉體，右腳尖儘量外擺。（圖4－19）
④左轉體，右腳尖儘量內扣成內八字步。（圖4－20）
⑤左轉體，左腿順纏，左腳尖儘量外擺。（圖4－21）
⑥右轉體，左腳內扣回到開始的步型。（圖4－22）

這樣循環往復練習可培育腿部的纏絲勁，還可以培育腳踝部的纏絲勁。

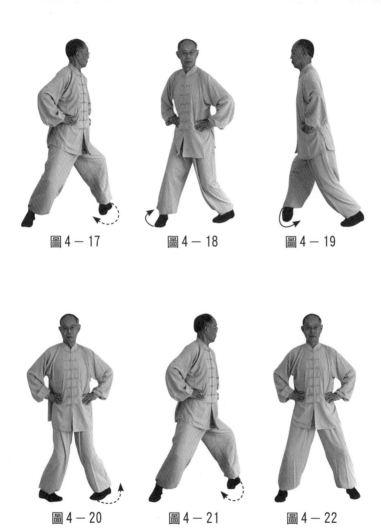

圖 4 － 17　　　　圖 4 － 18　　　　圖 4 － 19

圖 4 － 20　　　　圖 4 － 21　　　　圖 4 － 22

五、太極文化

　　武術是以中華文化為理論基礎的，太極拳是武術中最為強調文化的拳種之一。

　　20世紀50年代，洪均生老師在公園教拳、練拳，一位易學大師劉子衡先生（20世紀40年代被國共雙方上層人士尊稱為「布衣大師」）見了很感興趣，與洪師交談，要與洪師共同研究太極拳與易學的關係。在本書《附錄》中有許盛華先生寫的一篇《喜壽太極贊》的詩文。許先生是一位書畫家，他為什麼對太極拳感興趣？是因為太極拳和中國書畫有著類似的文化內涵。

　　下面將介紹太極哲學、太極文化及太極拳為社會服務等知識。

（一）太極哲學

　　「太極」一詞源於《周易》。《易傳・繫辭上》有「易有太極，是生兩儀，兩儀生四象，四象生八卦」之說。從周代至今幾千年，人們不斷地在研究《易》，由《易》衍生出一些表達易理的圖形、符號。

　　例如：現在我們所見的陰陽魚太極圖、八卦圖等。關於太極拳與這些圖形、符號的關係，在陳鑫的著作中有極

為詳盡的論述。

圍繞《周易》的研究，歷史上出現了「陰陽」「剛柔」等概念；出現了「陰陽相濟」「剛柔相濟」等學說。這就構成了太極拳的理論基礎。

《老子》中提道：「天下莫柔弱於水，而攻堅強者莫之能勝，以其無以易之。弱之勝強，柔之勝剛，天下莫不知，莫能行。」老子這種以柔克剛、以弱勝強的思想，是太極拳的最基本的技擊理論。

太極拳中還蘊含有豐富的儒學、佛學的思想。陳鑫在其著作中，就道、釋、儒三家的理論應用於太極拳都有闡述。

例如：多次提到中庸，不偏不倚，無過不及；提到要有浩然正氣、威而不猛等儒家學說；也涉及佛學中的「色空」的論述。

《陳說》中講：「拳為小道，而太極之大道存焉。」例如，透過練太極拳、太極推手等可深入地體驗、領悟陰陽相濟的原理；體驗、領悟怎樣才能「無過無不及」之大道。

（二）太極藝術

20世紀80年代中，洪師著《陳式太極拳品》一文（見附錄）。在其序中寫道：「詩有品，書亦有品，古人嘗品之而著為文章，拳可無品乎？因仿司空表聖詩品體例戲成太極拳品。」

這裡提到的司空表聖，是唐代著名的詩歌理論家，

其著作《詩品》有深遠的影響。洪師所著《陳式太極拳品》，將太極拳引入了詩的境界。行拳者，浩然正氣貫身；如「泉水混混，江河濤濤」；又顯穩如泰山，威風凜凜，威而不猛之勢；又有飄飄然如入仙境之感。洪師在《拳品》第十三段引用唐代書法家孫過庭所著《書譜》中「同自然之妙，有非力運之能成」之句，恰當地描繪出太極拳自然、安舒、不用拙力的姿態。

如果打太極拳果真能達到《陳式太極拳品》的境界，太極拳可與京劇藝術、書法藝術相媲美。

現在有一種流行的社會現象就是炒作、張揚。這與太極拳的外示安逸內固精神相反。有人喜歡張揚，有人喜歡泰然，我這裡並沒有褒貶之分，只是說太極拳意欲培養人們有浩然正氣，要外柔內剛。

（三）服務社會

太極拳是一項體育運動。與其他體育項目相比較，太極拳更有普及價值，它適應各種人群，無論男女老幼、體強體弱者皆可練太極拳。

首先講老年人和體弱者，太極拳現在已成為很普及的體育項目。近些年來，選擇練太極拳的中青年人越來越多。很多人認為太極拳只適宜老年人，不適宜青少年，這是對太極拳的誤解。太極拳不只是適宜老年人，同樣適宜青少年。特別是陳式太極拳，更適宜青少年練習。

我的學生大多是青年學生，也有兒童，最小者年僅4歲。電腦、手機、網路的出現，極大地豐富了人們的生

活，但隨之也帶來了某些社會問題。許多青少年迷戀「上網」，甚至成為「網癮患者」，這對青少年的身心健康非常不利。還有部分青少年課餘時間感覺無聊，無所適從。在這種情況下，如無正確的引導，可能走向邪路。引導青少年參加體育活動，對青少年身心健康非常有益。足球、籃球等是深受人們喜愛的體育項目，但這些體育項目限於場地、器材等條件，難以普及。

太極拳是更便於普及的體育活動。又因太極拳蘊蓄著豐富的中華傳統文化，如行拳時要求身法中正，要有精氣神，要有浩然正氣，要威而不猛。這些對太極拳習練者有潛移默化的作用。太極拳還有另一面，它是武術，有防身技擊性。只要有好的老師，有良好的傳統武德教育，這無疑是促進社會和諧、社會穩定的正能量。

無論是太極哲學還是太極文化，它體現的是我中華民族的民族精神。作為太極拳愛好者，我們有責任將其繼承、發揚、光大，使其能為全人類服務。

我的一位學生曾經對我說，他到南非和美國，一說是中國人，外國朋友立即就問：「你會打太極拳嗎？」可謂「牆裡開花牆外香」。

65

六、如何學練陳式太極拳

　　現在，太極拳已成為廣大群眾喜愛的運動。欲學太極拳者，首先就要考慮跟誰學的問題。在選定老師之後，又會提出是學老架好，還是學新架好？是練大架好，還是練小架好？一天練多長時間好？

　　下面我們將解析這些問題。

（一）求明師和讀名著

　　求師要求明白老師。如何才能找到明白老師呢？一般地說，名師也多是明師。包裝、炒作是現下很流行的社會現象，難免有少數的名師未必是明師。這就應了那句話：「找明師難。」難歸難，但只要有心，總是能找到的。在明師親自指導下學習太極拳，略近太極門徑之後，再來讀書、看影視資料，會更為有效。

　　在老師的指導下學練太極拳固然重要，但要更深入地學習太極拳，讀書也是必需的。洪師拳理、拳法繼承於陳發科先生。另一方面，洪師對王宗岳的《太極拳論》和陳鑫的《陳式太極拳圖說》有很深入的研究。這一文一書都是太極拳的經典著作。《陳式太極拳圖說》自不必說，《太極拳論》成文於清乾隆年間，所論也應當是陳式太極拳，

因為那時其他流派的太極拳尚未形成。

陳鑫的《陳式太極拳圖說》是陳氏第一部論述太極拳的著作。陳鑫文武兼備，在其著作的「自序」中謙虛地寫道：「……少小侍側，耳聞目見，薰蒸日久，竊於是藝管窺一斑。雖未通法華三昧，而於是藝僅得枝葉，其中妙理循環亦時覺有趣。……愚者既恐時序遷流，迫不及待，又恐分門別戶，失我真傳，所以課讀餘暇，急力顯微闡幽，纖悉畢陳。」洪師對陳發科先生所授拳法有所改革，與當前其他地區所練拳架略有區別，所以有人稱洪師所授拳法為洪派太極拳或洪式太極拳。

一方面洪師所傳授的太極拳是繼承於陳發科先生；另一方面，洪師其拳理、拳法很多源於陳鑫的《陳式太極拳圖說》和王宗岳的《太極拳論》。所以洪傳太極拳應是陳式傳統太極拳。我輩能遇洪師也是一種緣分。

洪師所著《陳式太極拳實用拳法》是一部太極拳的經典著作。據我所知，研讀這本書的人很多。我的學生就有很多人讀過或正在讀這本書。就這本書，不少讀者經常問我一些問題。

我認為要讀懂這本書，一定要邊讀、邊練、邊試。例如套路中第一式「金剛搗碓」第3動，書中要求「右手如推物之狀，中指揚向右前上斜角」。初學者百分之八十以上做錯，即手掌翻轉斜向下，指尖斜下垂。再如講左弓步時，書中強調「隨身左轉而扣右腳尖」。這一點也是經常有人做不到。「十字手」第2動向右出步，老師特別強調「腳跟貼地，不要提腳邁進」，不少人先收腳再提腳邁

進。如「單鞭」第3動向左出步，不少人也是先收腳並步再出步，這是錯誤的。再如書中《三字經》提到的「胯裡鬆，襠開圓」「步進退，隨身轉」等要點，往往很多人做不好，類似的問題很多，你必須反覆琢磨、反覆練習、反覆試驗，才能讀懂、會用。

（二）老架好還是新架好

有人曾問我：「我想學到原汁原味的陳式老架太極拳，最好到哪裡去，跟誰學？」為什麼有人會提出這樣的問題？尊古是中華民族的文化傳統，尤其對於有幾百年歷史的太極拳，人們覺得越是古老的越好。有的人所練的太極拳有自己的一些創新，但為了取得人們的信任，也往往宣稱自己練的太極拳是早年間某某人傳下來的。

現在流行的陳式太極拳有新架、老架之分。究竟哪個是老架，哪個是新架，沒有嚴格的規定。有人將陳長興架視為老架，將陳發科架視為新架。我想，現在很難找到原汁原味的陳長興架。一百六七十年前的拳架經好幾代人傳至今日，肯定會有變化。

就是近在眼前的洪傳陳式太極拳，不止一人對我講過：「你們洪派好些師兄弟打的拳有明顯的差異。」更何況年代那麼久遠，又沒有影視資料留下，是不可能原汁原味地保留到今天。

當前流行的陳式太極拳，基本上是陳發科先生所傳。對照陳鑫的《陳氏太極拳圖說》，你就會發現，陳發科先生所傳拳架與陳鑫所描繪的拳架有了較大的改變。

洪門弟子所演練的太極拳是1956年定型的，是洪均生老師在陳發科先生所授拳架的基礎上改編的。有位曾從陳發科先生學過拳的老前輩見洪師弟子練拳時說：「都練錯了。」豈不知洪師不是不會、不懂陳發科先生的拳架，正是因為會、懂，才可能在原有的基礎上進行改編。

學練陳式太極拳，不管是新架還是老架，都好。只是不要迷信一個人的說法，要驗證其拳理拳法是否合乎陳式太極拳的規矩。

還有所謂大架和小架之分。有人說大架好，大架舒展、大氣；也有人說小架好，小架緊湊、嚴密。還有人說應當先練大架再練小架。從拳架上看，陳發科先生拳架較大，洪均生老師拳架相對小一些。實際上大架和小架並非本質上的差別，只是個人根據自己的身材、體型和喜愛選擇適合自己的拳架大小而已。

（三）學練太極拳需多長時間

《陳說》中講：「問：得幾時？小成則三年，大成則九年。至九年之後，可以觀矣！」這裡說的「小成」「大成」「可觀」，講的是技擊。早年間，入室學藝，常常是白天幫師傅家幹活，晚間學拳，每日約有四五個小時學拳、練拳。用功者每日用的時間可能更多。現在業餘學練太極拳者，一般是晨練或晚間練，每日約兩小時。由此你可以推算你要達到小成需要幾年的時間。

另外學練太極拳用的時間和取得的成果還與各人的天賦有關，有些人模仿能力強，悟性好就學得快，功夫長進

也快。曾有朋友對我講：甲拳打得比乙好，可是乙的功夫比甲好。這是為什麼呢？

我用一個公式來表達這個問題。用W表示功力，k是一個取值區間（0,1）表示準確度的係數，即表示符合拳理拳法的程度，用t表示練拳時間，則有W=kt。這裡不考慮個人的先天條件問題。舉例說吧，甲拳打得比乙好，譬如甲的準度係數k為0.8，乙的準確度係數為0.4；甲每天打1個小時拳，乙每天打4個小時拳。由公式可見乙的功夫要超過甲。

有人會問：「學練太極拳需要這麼長的時間嗎？」以上是講技擊功夫，即要練出太極內勁，要熟練太極招法。如果只是為了健身，就不需那麼長的時間了。只是為了健身，對於拳式的準確程度不必要求很高，每日也不必練很長的時間，但是必須學會放鬆，打拳要舒暢、自然，每日用時不多，但要堅持天天練。

老師所能教學生的只是正確的練拳方法，而功夫只能靠自己練。有人說：「我會打太極拳。」這只能說明你掌握了太極拳練功方法，能不能達到健身和練出太極功夫的目的，還需要堅持，需要用功。

隨著社會進步，太極拳成為世人越來越感興趣的一項文體活動。在時間上，現代雖然生活、工作節奏加快，但節假日增多了，是絕對有條件的。如果你已培育起太極拳的興趣，又真想把太極功夫練到身上，你就會覺得節假日練拳是最舒心的事情。

七、洪傳太極拳套路概述

　　洪傳陳式太極拳有兩個套路，第一路81式，第二路64式。套路中的每個拳式都是由幾個動作組成的。本書只對第一路81式套路中每一拳式的每一動作給出較為詳細的說明。為了敘述方便，假定面向南起勢。當轉體角度較大時，寫明胸部的朝向，這樣容易知道轉體的角度。

　　套路中雙手的運行最為複雜，包括運行的線路、落勢時手指的指向、手心的朝向等。洪師在教拳時，對手型很重視。《實用拳法》講解拳式動作時，每一動都說明手指的指向、手心的朝向和手的方位。

　　本書在講解拳式動作時，主要講手的運行路線，一般不再用文字說明手型，只要看圖就可以明瞭。

　　一般情況下不注明眼看的方向，從圖中可以看出眼看何方。當後一動和前一動步型不變時，後一動的步型省略不提。腿的順逆纏法是隨身體的左右旋轉而定的。當身向右轉時，左腿逆纏右腿順纏；當身向左轉時，左腿順纏右腿逆纏。所以在說明動作時，一般只講身體的轉向，不講腿的纏法。假定讀者已學會正旋圈和反旋圈的劃法，所以在講解動作時直接使用例如「正旋上弧線開」「反旋上弧線收」等術語。

　　由81式組成的套路中，有些拳式多次重複出現。例如：套路中有7個單鞭勢，這7個單鞭勢有的完全相同，有的只有部分動作相同。對於同一式名中的相同動作，一般不重複講解，但為了上下動作之間的連接，對這些相同的動作還是將圖示重複給出。

　　根據「怎麼用就怎麼練」（洪均生語）和「練拳時無人當有人」（陳鑫語）的指導思想，在講解拳式時，虛擬一個人（稱為對方）在與我交手。

　　以下所講述的套路是在洪老師教授的套路基礎上做了部分修改，這些修改是經過反覆試驗後定下來的。在修改時仍完全嚴格遵守陳式太極拳的規則，即注重纏絲勁的培養，注重纏法的應用。另外，還注意到不光是每一拳式各動之間在用法上要連貫，也要使前後拳式之間在用法上盡可能連貫。

　　為瞭解清末時陳式太極拳的拳式，我們仔細地研讀陳鑫的《陳氏太極拳圖說》。將《陳說》中的某些拳式和沈家楨、顧留馨所編著的《陳式太極拳》中陳照奎先生所演練的拳式及《實用拳法》中洪均生老師所演練的拳式做對照，發現隨著時間的變化，許多拳式有了明顯的改變。不過，應當注意到，無論拳式有怎樣的變化，其拳理拳法是不變的，即陳式太極拳的根本是纏法和纏絲勁。

八、洪傳太極拳第一路八十一式詮釋

（一）第一路八十一式式名

預備勢	第十六式　背折靠
第一式　金剛搗碓	第十七式　下掩手肱捶
第二式　懶紮衣	第十八式　雙推手
第三式　六封四閉	第十九式　三換掌
第四式　單　鞭	第二十式　雙推手
第五式　金剛搗碓	第二十一式　肘底捶
第六式　白鶴亮翅	第二十二式　倒捲肱
第七式　摟膝拗步	第二十三式　摟膝拗步
第八式　初　收	第二十四式　高探馬
第九式　斜行拗步	第二十五式　閃通背
第十式　再　收	第二十六式　進步掩手肱捶
第十一式　前蹚拗步	第二十七式　六封四閉
第十二式　掩手肱捶	第二十八式　單　鞭
第十三式　金剛搗碓	第二十九式　上雲手
第十四式　十字手	第三十式　高探馬
第十五式　庇身捶	第三十一式　右彈踢

73

第三十二式	左彈踢	第五十七式	跌 岔
第三十三式	左蹬腳	第五十八式	左金雞獨立
第三十四式	高探馬	第五十九式	右金雞獨立
第三十五式	擊地捶	第 六 十 式	倒捲肱
第三十六式	二起腳	第六十一式	左進步擠
第三十七式	旋風腳	第六十二式	順攔肘
第三十八式	右蹬腳	第六十三式	白鶴亮翅
第三十九式	掩手肱捶	第六十四式	摟膝拗步
第 四 十 式	小擒打	第六十五式	閃通背
第四十一式	抱頭推山	第六十六式	掩手肱捶
第四十二式	三換掌	第六十七式	懶紮衣
第四十三式	雙推手	第六十八式	單 鞭
第四十四式	單 鞭	第六十九式	下雲手
第四十五式	前 招	第 七 十 式	高探馬
第四十六式	後 招	第七十一式	十字擺蓮腳
第四十七式	野馬分鬃	第七十二式	指襠捶
第四十八式	六封四閉	第七十三式	猿猴獻果
第四十九式	單 鞭	第七十四式	六封四閉
第 五 十 式	退步雙震腳	第七十五式	單 鞭
第五十一式	玉女穿梭	第七十六式	穿地龍
第五十二式	懶紮衣	第七十七式	上步騎鯨
第五十三式	六封四閉	第七十八式	退步跨虎
第五十四式	單 鞭	第七十九式	轉身雙擺蓮
第五十五式	中雲手	第 八 十 式	當門炮
第五十六式	雙擺蓮	第八十一式	金剛搗碓

（二）第一路八十一式拳式
動作說明及圖示

【預備勢】小正馬步站立。（圖8－1）

第一式　金剛搗碓

1.**正前掤法：**（對方出右腳以右手擊我胸部）身體左轉。同時，右手順纏走裡左上弧線轉至胸口（用手背接掤對方右手腕）；左手逆纏走外上右弧線轉至胸前，略高於右手，離胸口約一前臂（以手腕搭在對方右肘部外側）。（圖8－2）

2.**右雙採法：**身體右轉。右腳以腳跟為軸腳尖外擺，左腳向左前斜角出成左半仆步。同時，右手正旋上弧線開，左手反旋上弧線收。（圖8－3）

圖8－1　　　　圖8－2　　　　　　圖8－3

　　注：右手正旋上弧線開，右肘不得抬高，右臂要成弧形，前臂和上臂不得夾成三角形，否則會把對方的擠勁引到自己身上。左手反旋上弧線收，肘要貼身向胸口方向收轉，不得離開胸部向前出肘，否則就產生頂勁，不能引進落空；左臂收肘不收手，否則手部會丟勁。

　　3.左擠右按：（對方右轉身用右手擠我，左手腕與我左手腕相掤）左轉身成馬步。同時，左手逆纏走裡左下弧線轉向左胸前側（用左手外側向左前擠對方左手），右手順纏走左下弧線收轉到右腹前側（按對方右手）。（圖8－4）

　　注：**右手前按時，手指要斜上揚，不得下垂。**

　　4.**左採右按法：**左轉身成左弓步。同進，左手繼續逆纏走左下弧線轉向左前下側（採對方左手），右手逆纏走外左弧線轉向左胸前側（按對方左肩）。（圖8－5）

　　5.**雙手抱纏拿法：**（對方左手拿我左腕順纏擠向我胸

圖8－4

圖8－5

部）左轉身，進右步成右前虛
步。同時，左手逆纏收於左肩前
側變順纏向左下轉（反拿對方左
腕），肘不離肋，手心向下，中
指下垂；右手順纏走外左弧線
轉到左手下（雙手抱纏對方左
腕），手心側向右後上斜角，中
指指向左後上斜角。（圖8－6）

圖8－6

6.抱纏捌腕：右轉身。同
時，雙手手腕仍交叉，雙手順纏
向右轉向胸口右側。（圖8－7）

7.右膝法：（對方被抱纏捌腕轉向我右前側，用右手
推按我右手背）左轉身，提右膝成左獨立步。同時，雙手
向左轉至胸口，右拳逆纏向上（向上引捌對方右手），高
齊下頦；左手順纏向下轉至腹部，手心向上。（圖8－8）

圖8－7

圖8－8

8.（對方雙手向下按我右膝）右腳震落成小正馬步，右拳順纏落於左手心。（圖8－9）

第二式　懶紮衣

1.右引掤及左按法：（對方從我右側左腿在前套我右腿，雙手按我右臂）右轉身，眼看右方。左腿屈膝塌勁，收右腳成右虛步，腳尖點地。同時，右手順纏貼身轉向右胯外上側（引掤對方右手），左手逆纏走外前右弧線轉向胸前（按對方右肩）。（圖8－10）

圖8－9　　　　　　　　圖8－10

2.左轉，出右腳成右側馬步。同時，左手順纏走裡弧線轉向胸部右側變逆纏，右手順纏走外左小弧線向右胸側變逆纏。（圖8－11）

3.**右雙按法**：右轉身，雙手逆纏向右側轉出（按對方胸部）。（圖8－12）

4.**右搌法**：左轉身變右弓步。同時，左手順纏收至胸口，右手順纏向右側開（擠對方胸部），鬆肩沉肘。（圖

8－13）

第三式　六封四閉

1.右收掤法：（對方在我右側左腿套我右腿，右手按我右手，左手從我右臂下擠我肋部）左轉身變右側馬步。同時，右手正旋下弧線收，左手原處順纏。（圖8－14）

圖8－11　　　　　　　圖8－12

圖8－13　　　　　　　圖8－14

2.**右擠左按：**右手正旋上弧線開（擠對方胸部），左手逆纏向右按在右前臂內側。（圖8－15）

3.**右收掤法：**（對方右手將我右手封按於胸口）右手正旋下弧線收，左手順纏收至胸口（拿對方左腕）。（圖8－16）

圖8－15　　　　　　圖8－16

4.**拗攔肘法：**（對方左手順纏上翻）左轉身。同時，左手逆纏走左上弧線轉向左前上斜角（引對方左手）；右手先順纏貼身向左上收肘，右手揚向右上斜角變逆纏內扣轉向右肩前側，右肘走外上弧線轉向胸右前方，肘尖指向右前斜角（用肘外側向上擊對方左肘關節）。（圖8－17）

5.**雙手按法：**右轉身，左腳尖劃地收回成右後虛步。同時，雙手逆纏走下右弧線轉向右前側（將對方雙臂封按於胸部）。（圖8－18）

第四式　單　鞭

1.**右引左按：**右轉身。同時，右手順纏向胸口方向收

圖8－17   圖8－18

轉（拿對方右手），中指指向左前下斜角；左手逆纏走右
前下弧線轉向腹前（按對方右肘關節）。（圖8－19）

注：**右手收時要肘領手走，肘要貼肋，不得向右上翹
起。**

2.**左手掤法：**（對方左手推我左腕）繼續右轉身。同
時，左手順纏向前翻轉，手心向上；右手順纏變為勾手轉
向右肩前側，手背斜向左前方。（圖8－20）

圖8－19   圖8－20

3.**左引右擠法**：左轉身。同時，左手順纏收至胸口；右手仍為勾手，逆纏走前左弧線（用手背擠對方肋部）。（圖8-21）

4.**右擠法**：（對方左轉化我逆纏擠法）繼續左轉身。同時，右手順纏走上右弧線（手背擠對方胸部），左手原處順纏。（圖8-22）

5.（另有人在我左側右腿套我左腿，雙手按我左臂）右轉身，眼轉看左方。右腿弓膝塌勁，左腳跟貼地向左出成左半仆步（襯對方右腿）。同時，左手原處順纏，右手原處逆纏。（圖8-23）

圖8-21　　　　　　圖8-22　　　　　　圖8-23

6.**左肩靠法**：左轉身，落下左腳尖成左側馬步。（圖8-24）

7.**左肘法**：左轉身。左腿弓膝塌勁變左弓步。同時，左手逆纏，左肘向左側轉出；右手原處逆纏。（圖8-25）

圖 8－24   圖 8－25

8.**左轉引挪法：**（對方按我左肘）。右腳尖內扣，左轉身。同時，左肘沉下，左手逆纏走上左弧線向左側轉向左肩窩前側；右手原處逆纏。（圖8－26）

9.**左按法：**右轉身。同時，左手順纏向左推出，鬆肩沉肘；右手仍為勾手，原處順纏，鬆肩沉肘。（圖8－27）

圖 8－26   圖 8－27

第五式　金剛搗碓

1.左引掤法：（對方在我左側雙手按我左臂）左轉身。同時，左手由順纏變逆纏走裡下外弧線轉向左胯外前側（引掤對方左手），右手順纏走外左弧線轉向左胸前方（按對方左肩）。（圖8－28）

2.左收掤法：（對方進右步按我左肘部）右轉身變左側馬步。同時，左手反旋上弧線收，右手正旋上弧線開。（圖8－29）

圖8－28　　　　　　　圖8－29

3.雙手抱纏拿法：左轉身，左腳尖外擺，進右步成右前虛步，胸向東。同時，左手由逆纏變順纏轉向左胸側，手指下扣，手心向下（拿對方左手手腕），肘不離肋；右手順纏走外左弧線轉向胸前左側左手下方，手心向上，兩手腕交叉。（圖8－30、圖8－30附圖）

4.抱纏捌拿：右轉身。同時，雙手腕仍交叉，順纏走

圖8－30　　　　　圖8－30附圖

外右弧線轉至右胸前（雙抱纏捋拿對方左手腕）。（圖8－31）

5.**右膝法**：（為解脫捋拿，對方轉向我右前方用右手按我右手背）左轉身，提右膝（擊襠）成左獨立步。同時，左手握拳，手腕內扣；右手逆纏，手掌貼左手背內扣，雙手手心向下。（圖8－32）

圖8－31　　　　　圖8－32

6.右腳震落成小正馬步，雙手逆纏下轉至腹前，手心向下。（圖8-33、圖8-33附圖）

圖8-33　　　　　　　圖8-33附圖

第六式　白鶴亮翅

圖8-34

1.正面掤法：（對方在我前方雙手按我雙臂）右轉身，退右腳成左前虛步。同時，右手逆纏走裡下右弧線轉向右胯外側變順纏走外上左弧線轉向右前上斜角，左手逆纏走裡下左弧線轉向左胯外側變順纏走外上右弧線轉向左前上斜角（與對方左前虛步合步正面相掤）。（圖8-34）

2.左迎門靠法：出左腳成左

側馬步。同時，左手逆纏走裡下後弧線轉至左胯外側（向左後引掤對方右臂，左肩前側靠對方胸部），右手逆纏走裡右上弧線轉向右前上斜角（向右前引掤對方左臂）。（圖8－35）

第七式　摟膝拗步

1.（接上勢，對方左腿在前與我呈左側馬步合步站立）右轉身變馬步。同時，右手順纏走左下弧線轉至小腹前（摟對方左腿彎後側），左手逆纏走外上右弧線轉向胸前方（按對方右肩）。（圖8－36）

2.（對方以右腿襯我左腿）左轉身變左弓步（左肩靠）。同時，左手順纏走外左下弧線轉向左膝外側（向左摟對方右膝內側），右手逆纏走外上左弧線轉向胸前左側（按對方左肩）。（圖8－37）

3.左轉身，左腳收成左盤步（掃帶對方右腿）。同時，左手順纏走裡上左弧線轉向左胯上側（向右摟對方右

圖8－35　　　　　圖8－36　　　　　圖8－37

腿外側），右手順纏走左下弧線轉向腹前左側（按對方左肩）。（圖8－38）

第八式 初 收

1.（對方在我右前方雙手按我右臂）右轉身變左前虛步，胸向東南。同時，右手在右胸前由順纏變逆纏反旋（逆時針）轉一圈至右胸前側再走下弧線轉向胸口，手心向下（從對方左臂上側拿其左前臂）；左手順纏轉至右前上斜角，手心向上（插到對方左臂下方）。（圖8－39）

2.左轉，左腳尖劃地走裡弧線向左後收轉，腳尖點地。同時，左手順纏走左裡下弧線轉向左肋左前側（摟對方左臂），右手順纏向左下轉至小腹左側（拿對方右手腕向左下撙轉）。（圖8－40）

第九式 斜行拗步

1.**左擠右按**：右轉身，出左腳成左側馬步。同時，左

圖8－38　　圖8－39　　圖8－40

手逆纏向左側轉出（擠對方左肋部），右手逆纏向左下轉出（按對方左胯部）。（圖8－41）

2.**左引挪法**：（對方在我左側按我左臂）左轉身換步成右側馬步，胸向東北。同時，左手逆纏走裡弧線轉向左胯前側（左後引對方左手），右手逆纏走裡右弧線轉至右胯前側變順纏走外前左弧線轉至胸前（按對方左肩）。（圖8－42）

圖8－41

3.**左膝法**：右轉身，提左膝（擊對方胸部）成右獨立步。同時，左手逆纏向左後下轉（引對方左手），右手順纏向左轉（按對方左肩）。（圖8－43）

4.右轉，左蓋步成左盤步（拗步）。同時，左手逆纏略向後轉，右手原處順纏。（圖8－44）

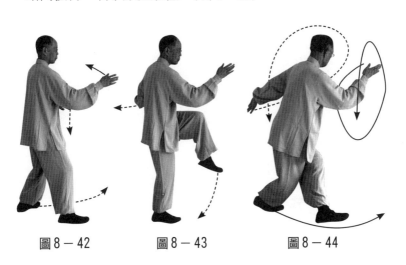

圖8－42   圖8－43   圖8－44

5.左轉，右腳走外左弧線成馬步，胸向北。同時，左手在左側逆時針轉一立圈，即先逆纏走右弧線轉至腹前走外上左弧線轉至左前上斜角（上掤對方左臂）再變順纏走左下弧線轉到左膝右上方（擊對方後頸部）；右手逆纏走裡右下弧線轉向右胯外側變順纏走外上弧線轉向右前上斜角再走下左弧線轉至右膝左上方（下擊對方後腰部）。（圖8－45、圖8－45附圖）

圖8－45　　　　　　　圖8－45附圖

第十式　再　收

1.（對方在我右前方雙手按我右臂）右轉身換步成左前虛步，胸向東南。同時，手部運行和第八式初收第1動相同。（圖8－46）

2.和第八式初收第2動相同。（圖8－47）

第十一式　前蹚拗步

1.右擠法：左轉身，進右步成右側馬步，胸向東北。

同時，右手逆纏向右側轉出（擠對方左肋），左手順纏收轉至胸口。（圖8－48、圖8－48附圖）

2.**右引掤法：**（對方在我右側按我右手）右轉身換步成左側馬步，胸向東南。同時，右手順纏走裡弧線轉至右胯上側變逆纏向右上轉（引掤對方右手）；左手逆纏走裡

圖8－46　　　　　　圖8－47

圖8－48　　　　　　圖8－48附圖

左弧線轉向左胯前側變順纏走外前右弧線轉向左胸前側。
（圖8-49）

3.右膝法：左轉身，提右膝成左獨立步（擊對方胸部）。同時，右手逆纏向右下轉（引對方右手），左手順纏向右轉（按對方右肩）。（圖8-50）

圖8－49　　　　　　　圖8－50

4.左轉身，右蓋步成右盤步（拗步）。同時，左手原處順纏，右手原處逆纏。（圖8-51）

5.右轉身，左腳走外右弧線進左步成馬步，胸向南。同時，右手在右側順時針轉一立圈，即先逆纏走左弧線轉至腹前走外上右弧線轉至右前上斜角（上掤對方右臂），再變順纏走右下弧線轉到右膝左上方（擊對方後頸部），左手逆纏走裡下左弧線轉向左胯前側，變順纏走外上弧線轉向左前上斜角，再走右下弧線轉至左膝右上方（下擊對方後腰部）。（圖8-52）

圖 8－51　　　　　圖 8－52

第十二式　掩手肱捶

左引右擊。左轉身，左腳走裡左弧線變左弓步，胸向東南。同時，左手順纏走裡左弧線收至腹部左側（引對方左手轉拿對方左腕），右拳先順纏握拳收至右肋再變逆纏向左前擊出（擊對方左肋）。（圖8－53）

第十三式　金剛搗碓

1.右側收掤法：（對方在我右前左腿襯我右腿，雙手按我右臂）左轉身，眼轉看右方。同時，右拳順纏略向

圖 8－53

右前轉，向左收肘；左手順纏走裡右弧線轉向右肘彎處。（圖8-54）

注：**左轉體時眼一定要向右側看。**

2.右引掤法：（對方左轉將我右臂封按與胸部）右轉身，左腳尖內扣成內八字步。同時，右手由順纏變逆纏走裡右弧線收轉到胸口上方；左手逆纏收，仍合於右肘彎處。（圖8-55）

圖8-54　　　　　　　圖8-55

3.右採法：右轉身。同時，右手正旋上弧線開（採對方右腕），左手順纏轉向胸前（托對方右肘）。（圖8-56）

4.左轉，右腳順纏收掃成右前虛步（掃帶對方左腿），胸向南。同時，右手正旋下弧線收（拿對方右手腕撐轉），左手逆纏走外右弧線向胸口右上方收轉（按對方右肘）。（圖8-57）

注：**右腳收時腳跟不要提起，要迅猛有力。**

5.右轉身，左腳尖內扣。同時，雙手左逆右順合於胸前，手腕交叉。（圖8-58）

圖8－56　　　　　　　　圖8－57

圖8－58　　　　圖8－59　　　　圖8－60

6.與第一式金剛搗碓第7動相同。（圖8－59）

7.與第一式金剛搗碓第8動相同。（圖8－60）

第十四式　十字手

1.右下開掤法：（對方在我右側雙手按我右前臂，右

手握我右腕）右轉身。同時，雙手反旋下弧線開（右手小指一側卡住對方右腕向右後下撥轉）。（圖8－61）

2.**右收掤兼右肩側靠法**：（對方出左腳左手按我右肘）左轉身，出右腳成馬步。同時，雙手走反旋圈合於胸前（右肩靠對方胸部），手腕交叉，右手在裡側。（圖8－62）

圖8－61　　　　　　圖8－62

第十五式　庇身捶

1.**右前掤法**：（對方在我右前側按我右臂）左轉身。同時，右掌變拳順纏向右前轉，左掌變拳反旋下弧線開。（圖8－63）

注：**此動用法也可是**（對方在我右後推我右肩）**右後掤法。**

2.**右下採法**：右轉身。同時，右拳反旋下弧線開，左拳走反旋圈第二、三段。（圖8－64）

注：**此動用法也可是**（對方在我右後側）**右肘法。**

圖 8－63　　　　　　　圖 8－64

第十六式　背折靠

1.左下採法：（接上勢，對方在我右前側左手按我左腕）左轉身變左弓步。同時，右拳走反旋圈的第二、三段，左手逆纏走裡左下弧線轉到左肋處揷腰。（圖8－65）

注：此動也可以是（對方在我右後方推我右臂）右後掤法。

2.（對方進左步左肩後側靠法）右轉身變右弓步。同時，右拳逆纏走裡下右弧線轉至胸口右前側時轉而走右上弧線轉至右太陽穴右後側（右手向右後撥轉對方左肩窩）；左臂逆纏，肘尖朝向左前下斜

圖 8－65

97

角。（圖8－66）

注：此動也可是右肩後靠法及右肘法。

第十七式　下掩手肱捶

1.**右側引掤法**：（對方在右側按我右上臂）左轉身，左腳跟內旋成外八字馬步。同時，右拳反旋上弧線收。（圖8－67）

圖8－66　　　　　　　圖8－67

2.**右引左擊**：（對方轉向我右前側按我右臂）右轉身，左腳尖內扣成右側馬步。同時，右拳走反旋圈第四段收於胸口（下引對方按我之雙手），左拳順纏走裡右上弧線轉向右前上斜角（擊對方面部）。（圖8－68）

3.**左引右下擊**：（對方用左手按我左拳）左轉身。同時，左手順纏走裡左下弧線收於胸口（引對方左手），右拳逆纏走裡右下弧線向右側擊出（橫擊對方小腹）。（圖8－69）

圖 8－68 圖 8－69

第十八式　雙推手

1.右收掤法：（對方推我右手）左轉身。同時，右手順纏走左上弧線收轉至胸口（抱纏對方左臂），左手原處逆纏（拿對方左腕）。（圖8－70）

2.右捋籃式拿法：左轉身。同時，左手逆纏向下轉（拿對方左手腕內側使其肘關節翻轉向下）；右手順纏轉向右肩上側，肘向胸口前上方收轉（用右臂內側上托對方左肘部）。（圖8－71）

圖 8－70

3.**右側雙按法**：右轉身，跟左步成左後虛步。同時，雙手逆纏轉向右前側。（圖8-72）

圖8-71　　　　　　　圖8-72

第十九式　三換掌

1.**右轉折指**：（對方雙手按我右臂）右轉身。同時，右手順纏走右外上弧線轉向右前上斜角，收肘揚前臂；左手順纏走外右下弧線轉到右前臂外下側（按在對方左手背處）。（圖8-73）

2.**左轉折指**：左轉身。同時，右手順纏轉向胸口，右肘走外左弧線（用左前臂外側及左手合折對方左手手指），右肘貼肋（夾對方左手）。（圖8-74）

注：第1、2動用法也可是折對方右手指。

3.**左擠法**：右轉身。同時，右手原處順纏，肘貼肋；左手逆纏從右手上側轉向右前上斜角（擠對方頸部）。（圖8-75）

圖 8－73　　　　　　圖 8－74

圖 8－75　　　　　　圖 8－76

4.左引右擠：（對方用右手按我左腕）左轉身變馬步。同時，左手順纏收至胸口（引對方右手），右手逆纏向右側開出（擠對方左肋）。（圖8－76）

第二十式　雙推手

1.（對方在我左側按我左臂）左轉身換步成右前虛

步，胸向東。同時，左手在左側反旋（順時針）轉一圈至胸口左側，手心向下（拿對方左手腕內側）；右手順纏走裡左弧線轉向胸前（插到對方左臂下方）變逆纏向胸口收轉（抱纏對方左臂）。（圖8－77、圖8－77附圖）

圖8－77　　　　　　圖8－77附圖

2.**右拐籃式拿法：**左轉身，右腳跟提起。同時，左手逆纏向下轉（拿對方左手腕內側使其肘關節翻轉向下）；右手順纏轉向右肩上側，肘部向胸口前上方收轉（用右臂內側上托對方左肘部）。（圖8－78、圖8－78附圖）

3.**右側雙按法：**右轉身，右滑進步成左後虛步。同時，雙手逆纏轉向右前側。（圖8－79）

第二十一式　肘底捶

1.**右引掤法：**（對方雙手按我右臂）右轉身換步成左前虛步。同時，右手順纏走裡右下弧線收轉至右肋部，握拳；左手順纏走裡前上弧線轉向左前上斜角（上托對方右

圖8－78　　　　　　　圖8－78附圖

臂），高與口齊。（圖8－80）

2.左轉身，進左步成左側馬步（套對方右腿）。同時，左手順纏略上轉（繼續上托對方右臂）；右拳逆纏向左前擊出（擊對方右肋部），拳眼向上。（圖8－81）

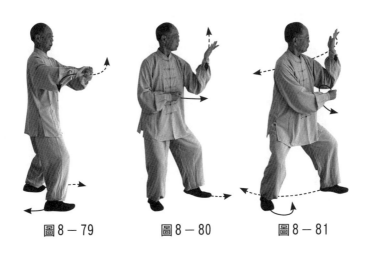

圖8－79　　　　圖8－80　　　　圖8－81

第二十二式　倒捲肱

1.右挒法：（對方進左步以左腿襯我右腿，雙手按我左臂）左轉身，左腳走裡弧線後撤，右腳尖內扣變右側馬步，胸向東北。同時，左手順纏走裡下後弧線收轉到胸口，手指下扣（拿對方左手腕）；右手由逆纏變順纏從左手上方向前下開，下塌外碾。（圖8－82、圖8－82附圖）

圖8－82　　　　　　　　圖8－82附圖

2.右擠兼右掃帶：左轉身，右腿順纏收右腳變右前虛步（掃帶對方左腿）。同時，右手逆纏前開（右擠），左手原處順纏。（圖8－83、圖8－83附圖）

注：**右腳收時，腳跟不要離地。**

3.右開掤法：（對方按我右手）左轉身。同時，右手順纏略前開，左手順纏左後開。（圖8－84）

4.右雙採法：（對方進右步襯我左腿，推我右臂）右轉身，右腳走裡後弧線後撤，左腿逆纏，左腳尖劃地走裡

圖8－83　　　　　　　圖8－83附圖

圖8－84　　　　　　　圖8－85

右弧線成左虛步，腳尖點地，胸向西南。同時，右手順纏
走裡右弧線收於胸口變逆纏走裡右上弧線轉向右前斜角
（拿對方右手），左手逆纏走上右弧線轉向左肩前側再變
順纏向右收肘。（圖8－85）

　　5.左開掤法：（對方按我左手）右轉身。同時，左手

圖 8－86

順纏略前開；右手由順纏變逆纏走外後弧線向右腮旁，手心朝向左前斜角。（圖8－86）

6.左捋法：（對方進左步襯我右腿，左手按我左腕）左轉身，左腳走裡弧線後撤成馬步，胸向東北。同時，左手順纏走裡左弧線收轉到胸口（拿對方左手腕）；右手逆纏向左下轉向胸前（右前臂搭在對方左臂上方）變順纏向左收肘，右手指揚向右前上斜角。（圖8－87、圖8－87附圖）

第二十三式　摟膝拗步

1.右下採法：（對方推我右臂）右轉身，右腳走裡弧

圖 8－87　　　　　　圖 8－87附圖

線後撤成左半仆步，胸向
東南。同時，右手順纏走
裡弧線轉向腹前側變逆纏
走右下弧線轉向右膝左
上側（採對方右手腕），
左手反旋上弧線收。（圖
8-88）

圖8-88

2.左肩靠及左搌法：

左轉身變左弓步（左肩
靠）。同時，左手逆纏走左下外弧線轉向左膝外側（向左
摟對方右膝內側），右手逆纏走外上左弧線轉向左前斜角
（按對方左肩）。（圖8-89）

3.左轉身，左腳收成左盤步（掃帶對方右腿）。同
時，左手順纏走外上右弧線轉向左胯上側（向右摟對方右
腿外側），右手順纏向左下按（按對方左肩）。（圖8-90）

圖8-89   圖8-90

第二十四式　高探馬

1.(對方在我右前方按我右臂)右轉身變左前虛步，胸向東南。同時，右手在右前側反旋(逆時針)轉一圈至右胸側，手心向下(從對方左臂上側拿其左前臂)；左手順纏走裡右上弧線轉至右前上斜角，手心向上(插到對方左臂下方)。(圖8-91)

2.左轉身，左腳尖劃地後撤成左後虛步，腳尖點地。同時，左手順纏走裡左下弧線轉至左肋側(摟對方左上臂)，右手順纏轉至小腹左側(拿對方左手腕向左下擰轉)。(圖8-92)

圖8-91　　　　　圖8-92

3.左轉身，進右步成右側馬步(套對方左腿)，胸向東。同時，右手逆纏走裡右弧線轉向右胯外側變順纏走外前左弧線轉向胸前，左手逆纏轉向左肩前側。(圖8-93)

4.右轉身。同時，右手順纏收轉至腹前(摟對方後腰

圖8－93　　　　　　　圖8－94

部），左手逆纏轉向胸前（按對方頸部）。（圖8－94）

第二十五式　閃通背

1.左引掤法：（接上勢，對方轉向我左側雙手推我左臂）右轉身。同時，左手順纏走外右弧線轉向右肩前側，手心向上；右手逆纏轉向左臂外側（拿對方左手腕內側）。（圖8－95）

2.右轉，進左步成左前虛步，胸向東南。同時，右手正旋上弧線開（採對方左手腕內側），左手順纏從右手下方轉向胸前方（插到對方左臂下

圖8－95

方）。（圖8-96）

3.左內側十字折臂拿
法：左轉成左盤步，胸向
東。同時，左手順纏向下、
向內扣轉（左手小指一側
扣壓對方左前臂），右手順
纏走外上左弧線轉向左臂外
側，雙臂胸前交叉，右手在
外。（圖8-97）

圖8-96

4.（對方轉向我左後
側，右手推我背部）左轉身，右腳走外弧線成內八字小馬
步，胸向東北。同時，雙手繼續順纏向胸口收轉。（圖8-
98、圖8-98附圖）

5.右轉身，向左出左腳成馬步（覷對方左腿外側）。
（圖8-99、圖8-99附圖）

圖8-97

圖8-98

圖8-98附圖

6.**左側背摔法**：右轉身。同時，左手逆轉至腹前，左肩向右下傾斜；右手順纏走右下弧線轉向右胯前側。（圖8－100、圖8－100附圖）

第二十六式　進步掩手肱捶

1.**左引右擊**：（對方在我左側按我左臂）左轉身，收

圖8－99　　　　　　　　圖8－99附圖

圖8－100　　　　　　　圖8－100附圖

左腳成左盤步，胸向西。同時，左手順纏走外上左弧線收於左肋部（引對方左手），右拳逆纏前擊（擊對方左肋）。（圖8−101）

2.右引左擊兼右膝法：（對方按我右拳）右轉身，提右膝成左獨立步。同時，右拳順纏收至右肋，左手順纏走外前右弧線轉向胸前上斜角（擊對方面部右側）。（圖8−102）

圖8−101　　　　　圖8−102

3.左引右擊：（對方右手向外摟我左掌）左轉身，右滑進步成右側馬步。同時，左手順纏收到胸口，右拳逆纏向右側擊發。（圖8−103）

4.右收掤兼左踹法：（對方按我右臂）左轉身。提左膝成右獨立步，左腿順纏，左腳尖外擺，左腳向右前擺。同時，右手反旋上弧線收，左手反旋下弧線開。（圖8−104）

注：此動用法也可是左手採法配合左腳踹法。

5.右轉身，先左蓋步，接著提右膝成左獨立步。同時，左手順纏走外右前弧線轉向胸前上斜角（擊對方頸部），右手順纏握拳收於右肋部。（圖8－105）

6.左轉身，右滑進步成右側馬步。同時，左手順纏收到胸口，右拳逆纏向右側擊發。（圖8－106）

圖8－103　　　　　　　圖8－104

圖8－105　　　　　　　圖8－106

第二十七式　六封四閉

此式與第三式六封四閉相同。（圖8-107～圖8-111）

第二十八式　單　鞭

此式與第四式單鞭相同，共分解為9個動作，這裡省

圖8-107　　　　　　　圖8-108

圖8-109　　　　圖8-110　　　　圖8-111

略了第6、8兩動的圖示，可參見圖8-24～圖8-26。（圖8-112～圖8-118）

第二十九式　上雲手

1.**左引掤法**：（對方在我左前側雙手按我左臂）左轉身，收左腳成左盤步，胸向東。同時，左手順纏收至左肋

圖8-112　　　　圖8-113　　　　圖8-114

圖8-115　　　　圖8-116

圖 8－117　　　　　　　圖 8－118

部，手心向上（引對方左手）；右手逆纏走外左弧線轉向胸前方（按對方左肩）。（圖8－119）

　　2.左轉身，進右步成右側馬步（右腿套對方左腿）。同時，左手先逆纏走裡下弧線轉至左胯外側變順纏走外弧線轉向胸部左前側（引挒對方左手），右手順纏略向前轉。（圖8－120）

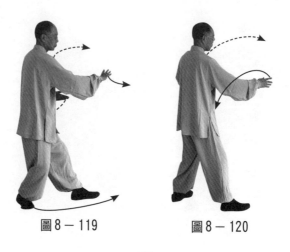

圖 8－119　　　　　　　圖 8－120

3.右轉身。同時，左
手逆纏走前右弧線轉向胸
前（按對方頸部），右手順
纏向腹部收轉（摟對方後
腰）。（圖8－121）

圖8－121

4.**左引掤法：**（對方轉
向我左側，雙手按我左臂）
右轉身。同時，左手逆纏走
外右上弧線轉至右肩前側
（引掤對方左手）變順纏
（拿對方左腕）走裡左下弧線轉至胸口左前側，（對方左
肘擊向我面部）右手順纏走外右上弧線轉至右肩前方變逆
纏轉向右腮旁（引掤對方左肘）。（圖8－122）

5.**右捌法：**左轉身。同時，左手順纏收至胸口（拿
對方左腕），右手由逆纏變順纏走前左下弧線，下塌外碾
（捌對方左臂）。（圖8－123）

圖8－122

圖8－123

6.**右引掤法：**（對方推我右腕）右轉身成右盤步。同時，右手逆纏走上左弧線收轉至胸口上方（引對方右手）；左手順纏轉向胸前方，手心向上（托對方右肘）。（圖8－124）

7.**左擠右按法：**左轉身，進左步成左側馬步。同時，左手逆轉向左前側，右手順纏轉向左前側。（圖8－125）

圖8－124　　　　　圖8－125

第三十式　高探馬

1.**雙抱纏拿法：**（對方左手拿我左腕）左轉身，右腳向右前邁出半步變左側馬步。同時，左手順纏轉向胸左側（反拿對方左腕），右手順纏向左轉至左手腕下方（抱纏對方左手腕）。（圖8－126、圖8－126附圖）

2.**抱纏捯腕：**右轉身變右側馬步。同時，雙手仍交叉順纏向右轉至右胸前側（雙抱纏捯拿對方左手腕）。（圖8－127）

3.**右引掤法：**（對方右手推我右手背）右轉身。同時，右手逆纏變勾手略向右上轉（引掤對方右手），左手逆纏從右手下方略向右轉（拿對方右前臂）。（圖8－128）

4.左轉身，右腳向左前邁出半步成馬步。同時，左手順纏轉向左胯前上側（拿對方右前臂外翻），右手順纏走

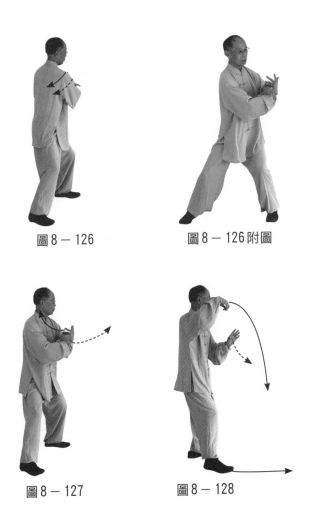

圖8－126　　　　　　　圖8－126附圖

圖8－127　　　　　　　圖8－128

外左下弧線轉向胸前（右臂轉向對方右臂外側）。（圖8－129）

5.右轉身，進左步成左側馬步（套對方右腿）。同時，左手逆纏走外前右弧線轉向胸前變順纏（手心貼在對方後腰部），右手順纏走裡右下弧線轉至腹前變逆纏走上弧線轉向右肩前側。（圖8－130）

圖8－129　　　　　圖8－130

6.左轉身。同時，左手順纏向腹部收轉（向內摟對方後腰），右手逆纏向左前轉（推對方頸部）。（圖8－131）

第三十一式　右彈踢

1.右引掤法：（接上勢，對方轉向我右側雙手按我右臂）左轉身變左盤步。同時，右手順纏走外左弧線收於左肩前側，左手逆纏轉向右前臂外側（拿對方右腕內側）。（圖8－132）

2.左採右踢：左轉身。同時，左手正旋上弧線開（採

對方右手腕內側），右手順纏走上右弧線轉向右前上斜角
變逆纏（封對方面部），隨即右腳向右前彈踢。（圖8－
133）

3.（對方搬我右腿）仍左獨立步，屈右膝（回帶對方
雙手）。同時，雙手順纏走外弧線收於胸口兩側。（圖8－
134）

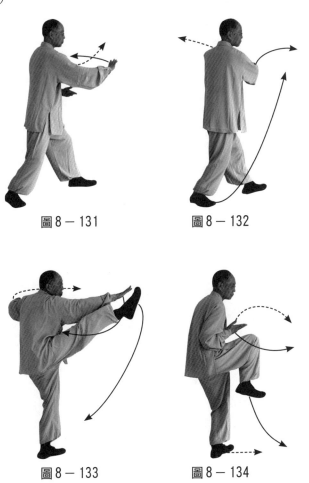

圖8－131　　　　　　　圖8－132

圖8－133　　　　　　　圖8－134

4.**雙手按法**：左轉身，右滑進步成右側小馬步，胸向東南。同時，雙手逆纏轉向前下按。（圖8－135）

第三十二式　左彈踢

1.**右收掤法**：（對方在我右前側按我右臂）右轉身，收右腳成右虛步，腳尖點地。同時，右手順纏走裡弧線收至胸口（引對方右手），左手順纏收於右腕上側。（圖8－136）

2.**右後雙採法**（又稱順手牽羊法）：右後轉體，右腳走外弧線撤成右側馬步，胸向西北。同時，右手逆纏走外右後弧線轉向右胯前側（向右後採對方右手腕），左手先逆纏轉向胸右前再變順纏（拿對方右臂外側）走外右弧線轉向胸前。（圖8－137）

3.**左引掤法**：（對方轉向我左前側雙手按我左臂）右轉身變右盤步。同時，左手順纏走外右弧線收於右肩前

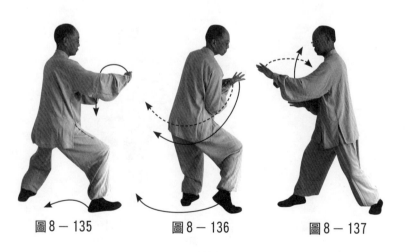

圖8－135　　　　圖8－136　　　　圖8－137

側,右手逆纏轉向左前臂外側（拿對方左腕內側）。（圖8-138）

4.**右採左踢:** 右轉身。同時,右手正旋上弧線開（採對方左手腕內側）,左手順纏走左上弧線轉向左前上斜角變逆纏（封對方面部）,隨即左腳向左前彈踢。（圖8-139）

5.（對方搬我左腿）仍右獨立步,屈左膝（回帶對方雙手）。同時,雙手順纏走外弧線收於胸口兩側。（圖8-140）

6.**雙手按法:** 右轉身,左滑進步成左側小馬步。同時,雙手逆纏轉向左前方。（圖8-141）

圖 8 - 138

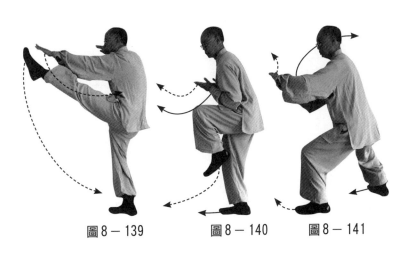

圖 8 - 139　　　圖 8 - 140　　　圖 8 - 141

第三十三式　左蹬腳

1.左背側靠法：（對方在我左側推我左臂）右轉身，左滑進步成左側馬步。同時，左手順纏走裡右前弧線轉向胸前，右手正旋上弧線開。（圖8－142）

2.左擠法：左轉身。同時，雙手順纏外後開。（圖8－143）

圖8－142　　　　　圖8－143

3.左收掤法：（對方按我左臂）右轉身，收左腳成左側小馬步。同時，左手握拳逆纏走外右下裡弧線收轉向臍部，右手握拳逆纏走外左下弧線轉向臍部。（圖8－144、圖8－144附圖）

4.左轉提掤法：左轉身成左前虛步。同時，雙拳逆纏貼身上提至胸部。（圖8－145）

5.左開掤法：右轉身，提左膝變右獨立步，胸向西。同時，左拳順纏走外左下弧線轉至左膝外側，右拳順纏走

外右上弧線轉向右前上斜角。(圖8-146)

6.**左腳蹬**:仍右獨立步,略右轉身,左腳左下蹬。同時,雙拳原處順纏。(圖8-147)

注:左蹬腳時身體不得向右傾斜。

圖8-144　　　圖8-144附圖

圖8-145

圖8-146　　　　圖8-147

第三十四式　高探馬

1.左引挪法：（對方用左手拿我左手腕向我左後擰轉）左轉身，落左腳成左後虛步，腳尖點地。同時，左手逆纏走裡下弧線轉到左胯外側，右手原處逆纏。（圖8－148）

2.左轉身，進右步成右側馬步（套對方左腿）。同時，左手順纏走外前弧線轉向左胸前側（引挪對方左手），右手順纏向前轉向右前側（轉向對方後背）。（圖8－149）

3.右轉身，胸向西。同時，左手逆纏走前右弧線轉向胸前（按對方頸部），右手順纏向腹部方向收轉（摟對方後腰，使對方後仰倒地）。（圖8－150）

第三十五式　擊地捶

1.（上勢已使對方倒地）右轉身，提左膝，左腳走外

圖8－148　　　　圖8－149　　　　圖8－150

右弧線成馬步（對方在我胯下），胸向西北。同時，雙手順纏合於胸前變逆纏，雙臂交叉，右手在下。（圖8－151、圖8－151附圖）

2.右轉身。同時，左手逆纏走左前下弧線轉向襠部左前下方變順纏，右手由逆纏變順走右上弧線轉向右肩前側並握拳。（圖8－152、圖8－152附圖）

圖8－151　　　　　　　圖8－151附圖

圖8－152　　　　　　　圖8－152附圖

3.**左上引右下打**：左轉身變左弓步。同時，左手逆纏走左上弧線轉向左後上斜角，右拳逆纏向左下擊出。（圖8－153、圖8－153附圖）

圖8－153　　　　　圖8－153附圖

第三十六式　二起腳

1.**右後掤法**：（對方在我右後側推我右肩）左轉身，眼轉看右側。同時，右拳順纏走裡左前弧線，右肩向左下方傾斜，左拳原處逆纏。（圖8－154）

2.**右肘法**：右轉身。同時，右手逆纏走裡上右弧線收轉向胸前，右肘右後擊，左拳順纏走外左小弧線。（圖8－155）

3.**右手引掤法**：（對方推按外右肘）右轉身。左腳尖內扣，右腳走外弧線右後掃成右前虛步，胸向東。同時，右手順纏走外右弧線轉至胸部右側，右臂貼右肋；左手變掌逆纏轉向胸前。（圖8－156）

4.**左彈踢**：右轉身，右腳蹬地起跳，左腳向前彈踢。

同時，左手逆纏走裡左下弧線轉向左胯外側，右手逆纏走裡右上弧線轉向右前上斜角。（圖8－157）

　　5.右彈踢：左轉身，左腳下落，右腳蹬地起跳向前彈踢。同時，左手仍在左胯左外側，右手在右腳向前彈踢時拍擊右腳面。（圖8－158）

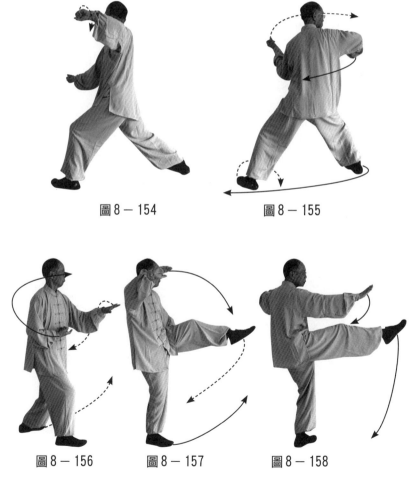

圖8－154　　　　　　圖8－155

圖8－156　　　圖8－157　　　圖8－158

6.左右腳先後落地成右側小馬步。同時，雙手沉下，手心向下，右手在右膝前上方，左手在左胯前上方。（圖8－159）

注：第4、5動都是右腳蹬地起跳，左右彈踢在空中連續完成。

圖8－159

第三十七式　旋風腳

1.右收掤法：（對方在我右前側按我右臂）右轉身收右腳成右盤步，胸向東南。同時，右手順纏走裡弧線收至胸口變逆纏，左手逆纏轉至右臂肘彎處，雙臂胸前交叉，右臂在外。（圖8－160）

2.右轉身，左腿提起（在對方背部）成右獨立步。同時，雙手逆纏向左右兩側平開，左腿內合（右手向右引對方右手，左腿和左手夾擊對方）。（圖8－161）

圖8－160

圖8－161

第三十八式　右蹬腳

1. **左手引掤法：**（對方拿我左手腕向我左後撐轉）右轉身，左蓋步成左盤步，胸向西南。同時，左手逆纏向左下轉，右手逆纏向右上轉。（圖8－162）

2. 右後轉體成右前虛步，胸向東北。同時，隨轉身右手逆纏走外右弧線轉向右前上斜角（回身擊對方頸部），左手逆纏走外右弧線轉向左下斜角。（圖8－163）

3. **右手引掤法：**（對方右手按我右手腕）右轉身，提右膝成左獨立步。同時，右手順纏走外右下弧線轉至右胯外側（引掤對方右手），左手逆纏走外上右弧線轉至左上斜角。（圖8－164）

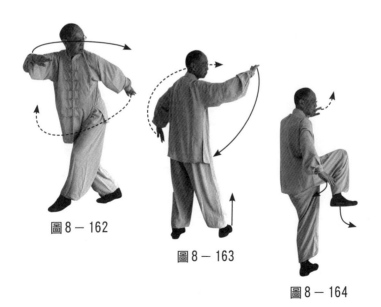

圖8－162

圖8－163

圖8－164

4.左轉身，右腳向右下蹬。同時，右手逆纏略向右下轉，左手逆纏略向左上轉。（圖8－165）

注：右蹬腳時身體不得向左傾斜。

第三十九式　掩手肱捶

1.右引掤法：（對方在我右側拿我右腕向我右後撐轉）右轉身，右腳落地成右後虛步，腳尖點地。同時，右手逆纏轉向右胯外後側，左手逆纏略向前轉。（圖8－166）

圖8－165　　　　　圖8－166

2.右轉身，進左步成左側馬步（套對方右腿）。同時，右手順纏走外上左弧線轉向右肩前側，左手順纏走外右下弧線轉向腹前方（位於對方後腰處）。（圖8－167）

3.左轉身，胸向東。同時，右手逆纏走前左弧線轉向胸前（按對方頸部），左手順纏向腹部收轉（摟對方後腰）。（圖8－168）

4.右引左擠：（對方轉向我右側，雙手按我右臂）右

圖 8 - 167　　　　　　　圖 8 - 168

轉身。同時，右手順纏走裡右弧線轉向腹部右側（引對方右手），左手逆纏走外右弧線轉向胸前上方（擠對方頸部）。（圖8－169）

　　5.左引右擊：（對方按我左腕）左轉身，左腳向左出半步變左弓步，胸向東南。同時，左手順纏收至腹部左側（拿左手左腕），右拳逆纏向胸前擊出（擊對方左肋）。（圖8－170）

圖 8 - 169　　　　　　　圖 8 - 170

圖 8－171

第四十式　小擒打

1.**右收掤法**：（對方用右手推我右拳）右轉身變右側馬步。同時，右拳逆纏走右上弧線收轉到胸口上方，左手順纏（拿對方左手腕）走左下弧線轉向左胯裡前側。（圖8－171）

2.**右挒法**：左轉身。同時，左手順纏（拿對方左腕）向上轉到胸口，右拳順纏走左前下弧線轉至腹前（用右前臂外側挒對方右臂）。（圖8－172）

3.**左将法**：左轉身，向左前斜角進右步成右前虛步，胸向東北。同時，左手順纏，右手反旋上弧線收。（圖8－173）

圖 8－172

圖 8－173

4.左肩側靠法：（對方右轉身按我右臂）右轉身換步成左側馬步（左腿套對方右腿），胸向南。同時，右手順纏走裡弧線收轉至胸口變逆纏，左手順纏貼身略向右下轉（左肩靠對方右肋）。（圖8－174）

5.左擠右按：左轉身。同時，左手逆纏走外左上弧線轉向左後斜上角（擠對方頸部使其後仰），右手逆纏走左下弧線轉至左胯上側（按對方小腹）。（圖8－175）

第四十一式　抱頭推山

1.右引左擊：（對方在我右後側推我右上臂和右肩）右轉身，右腳走外右弧線後掃成右前虛步，胸向西南。同時，左手順纏走外右弧線轉至右前上斜角（擊對方頸部），右手隨轉身順纏收轉至左肘下方（引掤對方右手）。（圖8－176）

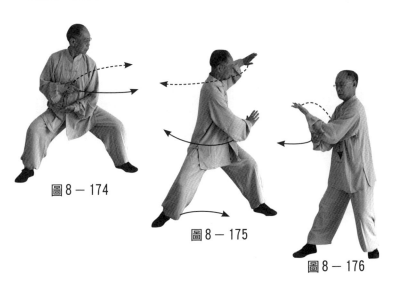

圖8－174

圖8－175

圖8－176

2.**左開掤右下擊：**（對方右手格擋我左手）左轉身。同時，左手逆纏走裡左弧線轉向左胸前側（手指勾掛對方右臂內側向我左外開），右手逆纏走裡右下弧線轉向右前下斜角（手背擊對方小腹部）。（圖8–177）

3.（對方雙手拿我雙上臂並前推）左轉身。同時，雙手順纏走外上弧線，雙臂順纏收肘（兩臂肘彎夾折對方手腕），右手中指指向右前上斜角，左上中指指向左前上斜角。（圖8–178）

4.左轉身。同時，左手逆纏向左轉，手指下垂呈螺旋形（外撥對方右臂）；右手順纏走外左弧線轉向胸前（向左撥轉對方身體左側）。（圖8–179）

5.**右側雙手按法：**（對方握我右臂之左手加大順纏）右轉身，向右出右腳成右側馬步，胸向西南。同時，雙手逆纏向右前方轉出（推按對方胸部）。（圖8–180）

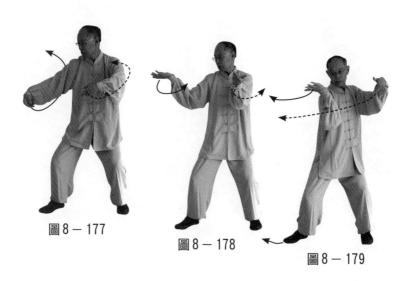

圖8－177

圖8－178

圖8－179

第四十二式　三換掌

此式與第十九式三換掌相同。（圖8－181～圖8－184）

圖8－180

圖8－181

圖8－182

圖8－183

圖8－184

第四十三式　雙推手

此式與第二十式雙推手相同。（圖 8－185～圖 8－187）

第四十四式　單　鞭

1.左肩靠法：（對方雙手按我右臂）右轉身換步成馬步，胸向南。同時，右手順纏走裡弧線收轉至左胸側變逆纏，左手順纏轉向右前臂下側（**左肩靠對方右肋**）。（圖8－188）

2.左擠法：左轉身。同時，左手逆纏走外左弧線向左開（**擠對方胸部**），右手逆纏變勾手走外右弧線向右開。（圖8－189）

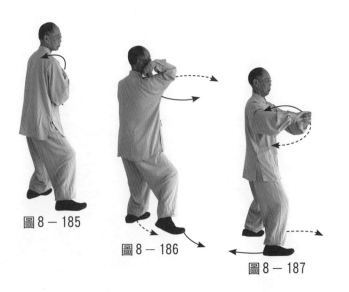

圖 8－185

圖 8－186

圖 8－187

3.(對方左轉體化我擠法)左轉身。同時，左手順纏略後收，左肘沉下；右手順纏。(圖8－190)

4.**左按法**：右轉身變左弓步。同時，左手順纏向左轉出(按對方胸部)；右手仍為勾手順纏，鬆肩沉肘。(圖8－191)

圖8－188

圖8－189

圖8－190

圖8－191

第四十五式 前 招

1.**左引掤法：**（對方在我左側右腳在前雙手按我左臂）左轉身，收左腳變左盤步。同時，左手順纏收轉向左胯上側（引掤對方左手），右手逆纏走外左弧線轉向左胸前方（按對方左肩）。（圖8－192）

2.右轉身，右腳提起成左獨立步，右腿順纏，右腳向左前擺轉（端對方小腿）。同時，右手順纏走裡右下弧線轉向右胯外側變逆纏，左手逆纏走外上右弧線轉向胸前上方變順纏（擊對方面部）。（圖8－193）

3.右轉身，右蓋步成右盤步。同時，雙手順纏收於胸前變逆纏，雙手腕交叉，右手在下。（圖8－194）

4.**左擠兼左掃：**右轉身，左腿向右掃成內八字小馬步，胸向南。同時，左手逆纏走外左下弧線轉向左胯外側，右手逆纏走外右上弧線轉向胸前上方。（圖8－195）

圖8－192　　　　圖8－193　　　　圖8－194

第四十六式　後　招

1.右後掤法：（對方在我右後按我右肩和右上臂）右轉身成右盤步，胸向西北。同時，右手順纏走外右下弧線轉至右胯外側（引掤對方右手），左手順纏走外右上弧線轉至胸前方（擊對方面部）。（圖8－196）

圖 8 － 195

2.左轉身，左腳提起成右獨立步，左腿順纏，左腳向右前擺轉（踹對方小腿）。同時，左手逆纏走裡下左弧線轉向左胯外側，右手逆纏走外上左弧線轉向胸前上方變順纏（擊對方面部）。（圖8－197）

3.左轉身，左蓋步成左盤步。同時，雙手順纏收於胸前變逆纏，雙手腕交叉，左手在裡。（圖8－198）

圖 8 － 196　　　圖 8 － 197　　　圖 8 － 198

4.**右手擠兼右腳掃法**：左轉身，右腳勾腳尖向左掃（掃對方左腿）成左獨立步。同時，右手逆纏走外下右弧線轉向右胯外側，左手逆纏走外上左弧線轉向左上斜角。（圖8－199）

5.**雙手按法**：右轉身，右滑進步成右側小馬步，胸向西南。同時，雙手順纏走外弧線收轉至左右肋部變逆纏走裡弧線推向右前方。（圖8－200）

第四十七式　野馬分鬃

1.**右收掤法**：（對方在我右側按我右臂）左轉身。同時，右手順纏走外左上弧線轉至左肩前側，左手逆纏走左上弧線轉向右前臂外側（拿對方右手腕）。（圖8－201）

2.**右肩靠法**：右轉身，出右腳成右側馬步。同時，左手正旋上弧線開（採對方右腕）；右手先順纏轉向右肩前側變逆纏走外右下後弧線轉向右胯後側（下採對方左

圖8－199　　　圖8－200　　　圖8－201

腕），右肩前靠。（圖8－202）

3.右背側靠法及右擠法：
（對方含胸躲我右肩靠）左轉
身，右滑進步成右側馬步。同
時，左手逆纏略向左下轉，右
手順纏走裡右上弧線轉向右前
上斜角。（圖8－203）

4.左背側靠法及左擠法：
（對方按我右臂）右轉身換步
成左側馬步。

圖8－202

同時，右手由順纏變逆纏走裡右弧線轉向右上斜角，
左手順纏走裡上左弧線轉至左前上斜角。（圖8－204）

5.右背側靠法及右擠法：（對方按我左臂）左轉身換
步成右側馬步。

同時，左手由順纏變逆纏走裡左弧線轉向左上斜角，

圖8－203　　　　　　圖8－204

右手順纏走裡右上弧線轉向右前上斜角。（圖8－205）

第四十八式　六封四閉

1.右收掤法：（對方在我右側進左腳，左腿套我右腿，雙手按我右臂）左轉身。同時，右手逆纏走外左下弧線轉至腹部左側，左手逆纏走右下弧線轉至右肘外側（插到對方按我右臂的左手腕下側）。（圖8－206）

圖8－205　　　　　圖8－206

2.右轉身。同時，左手在右側逆時針轉一圈轉至右胸前側（拿對方左手腕），右手在右側逆時針一圈轉至左手右上方（搭在對方左肘上方）。（圖8－207）

3.左挒法：左轉身，左腳向左前出半步，弓膝下塌成右半仆步，胸向南。同時，左手順纏走裡左上弧線轉向左前上斜角（拿對方左手腕）；右手順纏，右肘向左上收至胸口右前側，右手揚向右前上斜角。（圖8－208）

4.雙手按法：右轉身，左腳尖劃地走裡弧線收成左

後虛步。同時，雙手逆纏經頦下走右下弧線向右前側轉出（封按對方右臂）。（圖8－209）

第四十九式　單　鞭

與第四式單鞭相同，共分解為9個動作，其中第6動可參見圖8－24。（圖8－210～圖8－217）。

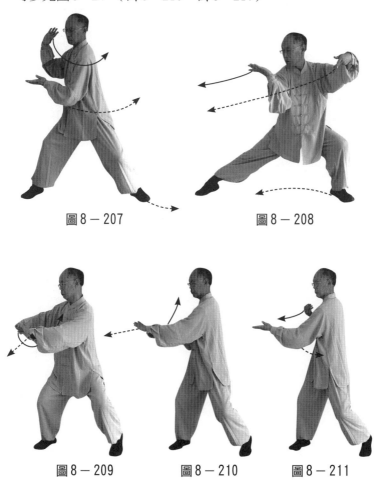

圖8－207　　　　　　　　　　圖8－208

圖8－209　　　　圖8－210　　　　圖8－211

圖 8 − 212

圖 8 − 213

圖 8 − 214

圖 8 − 215

圖 8 − 216

圖 8 − 217

第五十式　退步雙震腳

1.右手拿法：（對方在我右側按我右臂）先右轉身，回頭向右看。右手順纏走外右下弧線，左手逆纏走外右弧

線。後變左轉身，右偷
步成左盤步。同時，右
手順纏走裡左上弧線轉
向右肩前側（拿對方右
手腕撑轉），左手逆纏走
裡左後弧線轉向左後下
斜角。（圖8－218）

圖8－218

2.（對方進左步套我
右腿，右手擠我胸部）
右轉身。同時，右手逆
纏向胸口收轉，左手逆纏轉向右前臂裡側。（圖8－219）

3.**右擠法：**左轉身，退左步成右側馬步。同時，右手
逆纏向右前轉出（擠對方胸部），左手逆纏按在右前臂裡
側（助攻）。（圖8－220）

4.右轉身，右偷步成左盤步。同時，右手順纏握拳走

圖8－219

圖8－220

裡左上弧線轉向右肩前側，左手逆纏走裡左下弧線轉向左
後下斜角。（圖8－221）

5.重複第2動。（圖8－222）

6.重複第3動。（圖8－223）

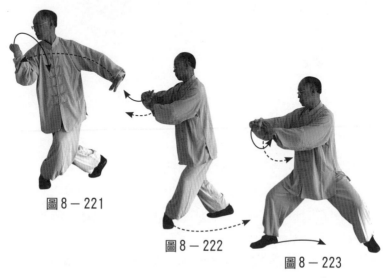

圖8－221

圖8－222

圖8－223

7.**右手收掤法：**（對方轉向我右側雙手按我右臂）左
轉身，收右腳成右前虛步，腳尖點地。同時，右手順纏走
裡左弧線收轉至右膝上方，左手順纏收轉向右臂肘彎內
側。（圖8－224）

8.**雙手上掤及右膝法：**左腳蹬地向上起跳，右膝提
起。同時，雙手順纏走裡上弧線，左手在右臂肘彎內側不
變。（圖8－225）

9.（對方向下按我右膝）左腳先落，右腳後落，先後
震腳。與震腳同時雙手逆纏走裡下弧線，右手高齊右肩，
左手在右臂肘彎內側不變。（圖8－226）

10.**雙按法**：右滑進步成右側小馬步。同時，雙手逆纏向右前轉出。（圖8－227）

第五十一式　玉女穿梭

1.**右手拿法**：（對方進左步雙手按我右臂）左轉身，

圖8－224　　　　　圖8－225

圖8－226　　　　　圖8－227

收右腳成右前虛步，腳尖點地。同時，右手順纏走裡左上弧線收於右胸前上斜角（拿對方右腕），左手順纏收至胸口。（圖8－228）

2.右膝法：左轉身，提右膝（擊對方胸部）成左獨立步，胸向西南。同時，右手順纏上轉，左手原處順纏。（圖8－229）

3.右腳前蹬（蹬對方腹部）。（圖8－230）

圖8－228

圖8－229

圖8－230

4.右腳落地。（圖8－231）

5.左擠法：右轉身，進左步成左側馬步，胸向北。同時，右手逆纏走裡弧線收於胸口，左手逆纏向左側開出（擠對方胸部）。（圖8－232）

6.（對方拿我左腕擰轉）右轉身。左腳走外右弧線向右移半步，腳尖內扣；右腳尖外擺成右盤步。同時，左手逆纏轉向背後。（圖8－233）

7.右擠法：（對方撤右步）右後轉身，右腳走外弧線後掃成馬步，胸向南。同時，左手逆纏走外弧線轉至左前下斜角，右手逆纏走外右上弧線轉向右前上斜角（右擠）。（圖8－234）

注：第4、5、6、7四動可右腳蹬地跳起右轉體連續完成。

圖8－231　　　　　　圖8－232

圖8－233　　　　　　圖8－234

第五十二式　懶紮衣

1.右收掤兼右肩靠法：（對方在我右側進左步右手按我右腕）左轉身，出右腳成右側馬步（右肩靠對方胸部）。同時，右手正旋下弧線收（拿對方右腕），左手反旋上弧線收，雙手合於胸口，左手在內。（圖8-235）

2.右肘法及右擠法：右轉身。同時，先起右肘，接著右手逆纏向右開；左手貼在右臂肘彎裡側逆纏向右轉出（助攻）。（圖8-236）

3.右擠法：左轉身變右弓步。同時，右手順纏向右側開，鬆肩沉肘；左手順纏收至胸口。（圖8-237）

圖8-235

圖8-236

圖8-237

第五十三式 六封四閉

此式與第三式六封四閉相同。（圖8－238～圖8－241）

圖8－238　　　　　　圖8－239

圖8－240　　　　　　圖8－241

第五十四式　單　鞭

此式與第四式單鞭相同，共分解為9個動作，其中第4、6、7、8動可參見圖8－22和圖8－24～圖8－26。（圖8－242～圖8－246）

圖8－242　　　　圖8－243　　　　圖8－244

圖8－245　　　　　　圖8－246

第五十五式　中雲手

此式與第二十九式上雲手相同。（圖8－247～圖8－252）

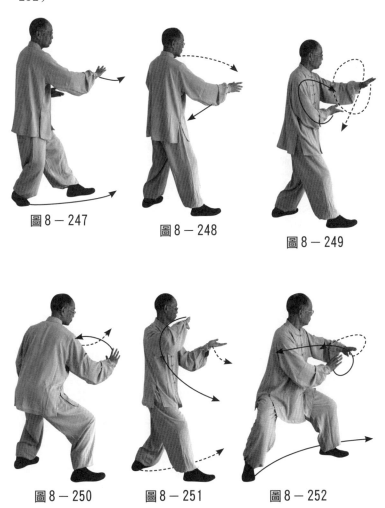

圖8－247

圖8－248

圖8－249

圖8－250

圖8－251

圖8－252

第五十六式　雙擺蓮

1.**雙手上掤法：**（接上勢，對方右臂上掤）先左轉身，同時，左手逆纏向左下轉，右手順纏向左下轉。胸向南。隨即右轉身，右偷步成左盤步，左手順纏走外上右弧線，右手逆纏走外上右弧線。（圖8－253）

2.右轉身，向左出左腳成右虛步。同時，左手逆纏轉向右肩前側，右手順纏轉向右肩右側，雙臂沉肘，雙手手心向外（**右前封按對方右臂**）。（圖8－254）

圖8－253　　　　圖8－254

3.左轉身，向左側滑進步成右後虛步，腳尖點地，膝蓋內扣，胸向西南。同時，左手原處逆纏，右手原處順纏。（圖8－255）

4.左轉身，右膝提起變左獨立步，右腳走裡左上弧線轉向左前斜角。同時，左手原處逆纏，右手順纏略下轉。（圖8－256）

5.右轉身，右腳繃腳面走外右弧線向右擺轉（用腳背向右擊對方背部）。同時，左手逆纏走外左弧線轉向左前上斜角，右手順纏走前左弧線轉向胸前，雙手先後擦右腳面。（圖8－257）

6.右轉身，右腿屈膝，小腿垂直地面。同時，左手順纏略左下轉，右手逆纏轉向左肩前側。（圖8－258）

圖8－255　　　　　圖8－256

圖8－257　　　　　圖8－258

第五十七式 跌 岔

1.左收掤法：（對方在我左側雙手按我左臂）右轉身，右腳震落成外八字小馬步。同時，雙手握拳順纏合於胸前，左手在裡。（圖8－259）

2.右採左蹬：右轉身，左腳腳尖向上勾起，以腳跟裡側貼地前蹬（鏈蹬對方左腳踝內側），右腿屈膝下蹲。同時，右手逆纏轉向右前斜角（採對方左手腕內側），左手逆纏貼右腕隨右手一起轉向右前斜角。（圖8－260）

3.（對方屈右膝成左仆步，右手按我左腿）左轉身，左腿肚貼地，右膝下扣，右腿內側貼地，成單劈叉勢。同時，左手逆纏走左下弧線轉向左小腿上外側（外撥對方右腿），右手逆纏走外右弧線轉向右前斜角。（圖8－261）

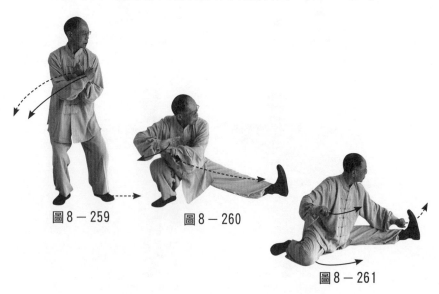

圖8－259　　　　圖8－260

圖8－261

第五十八式　左金雞獨立

1.左轉起立，跟右步成左側馬步。同時，左拳順纏走裡上弧線轉向胸前（擊對方腹部），右拳順纏走裡左弧線轉向腹前。（圖8-262）

2.**左收掤右擊法**：（對方按我左手）左轉身，進右步成右前虛步。同時，左手順纏收至胸口，右拳順纏走裡上弧線轉向胸前上方（擊對方下頜）。（圖8-263）

3.**右上掤兼右膝法**：（對方右手上掤我右手並起右膝擊我襠部）右轉身，提右膝（擊對方腹部）成左獨立步。同時，右拳變掌先順纏走裡上弧線轉至與眼齊時，變逆纏向上轉向額頭右前上方，左拳變掌逆纏走裡下左弧線轉到左胯左前側（向左摟撥對方右膝）。（圖8-264）

圖8-262

圖8-263

圖8-264

第五十九式 右金雞獨立

1.左獨立步不變。左手順纏走外上弧線轉向胸前，右手順纏走裡下弧線轉向胸前，兩手心相對。(圖8-265)

2.**雙手下掤法：**(對方雙手按我右膝)左轉身，右震腳成小正馬步。同時，雙手逆纏走裡下弧線轉到襠前(雙手下按對方右膝)。(圖8-266)

圖8-265　　　　　圖8-266

3.**雙撞捶：**右轉身，進左步成左側小馬步。同時，雙手順纏握拳前擊(擊對方腹部)，雙拳心相對。(圖8-267)

4.**雙手收掤法：**(對方雙手握我雙手腕前推)右轉身，左腳略收成左前虛步。同時，左拳順纏收轉至左肩前側，右手順纏收轉至胸口。(圖8-268)

5.**左上掤兼左膝法：**左轉身，提左膝(擊對方腹部)成右獨立步。同時，左拳變掌先順纏走裡上弧線轉至與眼齊時變逆纏走左上弧線轉向左前上斜角(上掤對方右

手），右拳變掌逆纏走裡下右弧線轉至右胯右前側（下引對方左手）。（圖8－269）

第六十式　倒捲肱

1.（接上勢，對方按我左膝）右轉身，落左腳成左虛步。同時，左手順纏走右下弧線轉至左肩前側，右手原處逆纏。（圖8－270）

圖8－267　　　　圖8－268

圖8－269　　　　圖8－270

第2、3、4、5、6、7動與第二十二式倒捲肱相同，其中第2、5動可參考圖8－82、圖8－85，第3、4、6、7動見下圖。（圖8－271～圖8－274）

第六十一式　左進步擠

1.左肩靠法：（對方推我右臂）右轉身換步成馬步

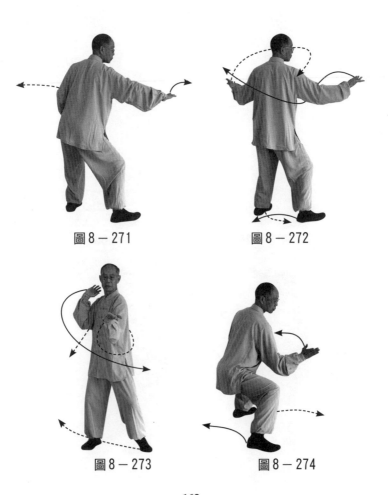

圖8－271　　　　　　圖8－272

圖8－273　　　　　　圖8－274

（左腿套對方右腿），胸向
南。同時，右手由順纏變逆纏
走裡右弧線收至胸口，左手順
纏從右臂下方轉至右胯前側。
（圖8－275）

圖8－275

2.**左手逆纏擠法**：左轉
身。同時，左手逆纏走外上左
弧線開，右手逆纏走外上右弧
線開。（圖8－276）

3.**左手順纏擠法**：（對方右轉體化我擠法）右轉身。
同時，雙手順纏左右後開，鬆肩沉肘。（圖8－277）

第六十二式 順攔肘

1.**右收掤法**：（對方在我右側雙手按我右臂）右轉
身，收右腳成右前虛步。同時，右手順纏，右肘向胸口方

圖8－276   圖8－277

163

向收轉，前臂揚向右上斜角；左手順纏走外右弧線轉向右臂外下側（握對方左手腕）。（圖8－278）

2.右肘橫擊法：左轉身，右滑進步成右側馬步。同時，左手順纏走左下弧線轉至腹前（拿對方左手腕）；右手逆纏轉向胸口上方，右肘走外上左弧線（橫擊對方頭部）。（圖8－279）

3.右收掤法：（對方推我右肘）左轉身，收右腳成右虛步。同時，右手順纏，右肘走外左弧線向胸口方向收轉，前臂揚向右上斜角；左手逆纏走右上弧線轉向右肘右外側（拿對方右腕）。（圖8－280）

4.右肘順勢擊法：右轉身，右滑進步成右側馬步。同時，左手順纏走左下弧線轉向胸口，右肘向右擊發。（圖8－281）

圖8－278

圖8－279

圖8－280

第六十三式　白鶴亮翅

此式分解為4個動作。第1、2、3動和第二十式雙推手相同。（圖8－282～圖8－284）

4.右擠法：（對方右轉體化我按法）左轉身，右滑進步成左後虛步。同時，右手順纏轉向右上斜角，左手逆纏走裡左下弧線轉向左胯外後側。（圖8－285）

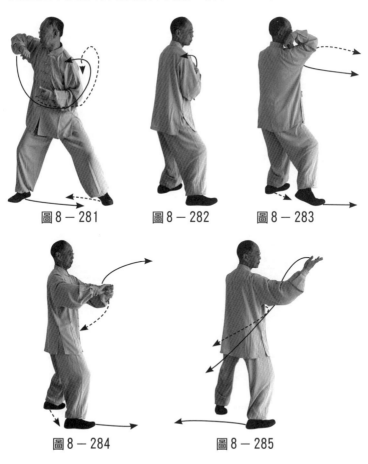

圖8－281　　　圖8－282　　　圖8－283

圖8－284　　　圖8－285

第六十四式　摟膝拗步

與第二十三式摟膝拗步相同。（圖8-286～圖8-288）

第六十五式　閃通背

1.手肘合掤法：（對方在我右側右手拿我右腕順纏撐轉，左手向上掀我右肘）右轉身。同時，右手逆纏向上轉

圖8-286

圖8-287

圖8-288

圖8-289

向右肩前側，右肘向上、向後轉；左手順纏走外右上弧線
轉至右肘外側，手心合於右肘尖處（合於對方按我右肘之
左手手背處）。（圖8-289）

2.**挒腕**：左轉身，左腳向左後跨半步，右腳走裡弧線
成右前虛步，腳尖點地。同時，右手握拳順纏順時針轉一
圈揚向右前斜角，右肘向左收轉到右胸側；左手順纏隨右
肘向左收轉（左手和右肘合拿挒對方左腕）。（圖8-290）

3.右滑進步成右側小馬步。同時，右拳順纏向右前上
方擊出（擊對方下頜），左手仍在右肘下側。（圖8-291）

4.**右引挪法**：（對方右手拿我右腕順纏撐轉）右轉身
成右盤步，胸向東南。進左步，左腳尖內扣成內八字小馬
步。同時，右手逆纏屈腕，左手順纏走右前弧線轉向右
手前，掌心向上（拿托對方右腕）；右手逆纏向上翻轉，
手心向下（反拿對方右手內側使其肘關節翻轉向下）。（圖
8-292）

圖8-290　　　　圖8-291　　　　圖8-292

5.右轉成右盤步，左腳尖內扣。同時，右手逆纏，左手順纏（左肩抗對方右臂）。（圖8-293）

6.**左側背摔法**：右後轉身，向右後插右腳成左半仆步，胸向北。同時，右手順纏走右下弧線轉向右腹前側，左手逆纏變順纏走右下弧線轉向左腿內側。（圖8-294）

第六十六式　掩手肱捶

1.**左右開掤**：左轉身，右腳提起成左獨立步，右腿順纏，右腳尖外擺前踹（踹對方小腿）。同時，左手逆纏（拿對方左腕）走裡左下弧線轉向左前下斜角，右手逆纏（拿對方右腕）走裡右上弧線轉向右前斜角。（圖8-295）

2.**馬步右纏拿**：（對方右手拿我右腕撤右步）右轉身，右蓋步成右盤步，隨即進左步成馬步。同時，右手順纏轉向胸前（反拿對方右腕），左手逆纏走外右弧線合於

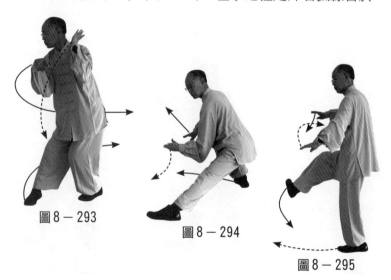

圖8-293

圖8-294

圖8-295

右手腕上側變順纏，隨即雙手原處順纏（加大纏拿）。（圖
8－296、圖8－296附圖）

3.左右開掤：（對方左手推我左手）右轉身。同時，
左手逆纏走裡左下弧線轉向左膝上方，高齊小腹；右手逆
纏向右上轉向右膝上方，高齊胸口。（圖8－297、圖8－
297附圖）

圖8－296

圖8－296附圖

圖8－297

圖8－297附圖

4.右轉身。同時,右手順纏走外上弧線轉向右腮旁,握拳,拳心斜向右後方,右肘貼肋;左手原處順纏。(圖8-298、圖8-298附圖)

5.**左引右打**:左轉身變左弓步,胸向西北。同時,左手順纏(拿對方左手腕)收至胸口,右拳逆纏向左前擊出。(圖8-299、圖8-299附圖)

| 圖8－298 | 圖8－298附圖 |

| 圖8－299 | 圖8－299附圖 |

第六十七式　懶紮衣

1.（接上勢，對方右轉身化我右拳）左轉身，右腳走裡弧線進步成右前虛步，腳尖點地，胸向西南。同時，右手順纏，右肘向胸口前上方轉（右臂上托對方左肘）；左手原處逆纏。（圖8－300）

圖8－300

2.右臂擠法：右轉身，右滑進步成左後虛步。同時，右手逆纏走裡右弧線向右前轉出（右臂擠對方左肋），左手逆纏轉向右前臂內側（助攻）。（圖8－301）

3.右手擠法：（對方左轉化我右臂擠法）左轉身，退左步成右弓步。同時，左手順纏收到胸口，右手順纏向右開。（圖8－302）

圖8－301　　　　　圖8－302

171

第六十八式　單　鞭

1.右引掤法：（對方在我右側雙手按我右臂）右轉，右手順纏走外弧線收至右胯外側（引對方右手使對方向我右後側傾斜），左手逆纏走裡左弧線轉至左胯前側變順纏走外右弧線轉至右前方（向右按對方右肩）。（圖8-303）

2.左轉，左手順纏略向右下收轉，右手變勾手逆纏走外上左弧線轉向右前上斜角（手背擊對方左太陽穴）。（圖8-304）

圖8-303　　　　　圖8-304

3.右擠法：左轉，左手順纏收於胸口，右手順纏向上、向右翻轉（手背擠對方頸部）。（圖8-305）

4.右轉，左腳勾起腳尖略向左移成左半仆步（襯對方右腿）。（圖8-306）

第5、6、7、8動與第四式單鞭6、7、8、9動相同，第5～7動可參見圖8-24、圖8-25、圖8-28，第8動見下圖。（圖8-307）

172

第六十九式 下雲手

與第二十九式上雲手相同，其中第2、4動可參見圖
8－120、圖8－122，第1、3動和第5～7動見下圖。（圖8－
308～圖8－312）

圖8－305　　　　　　　圖8－306

圖8－307　　　　圖8－308　　　　圖8－309

圖8－310　　　圖8－311　　　圖8－312

第七十式　高探馬

1.左手引掤法：（對方左手拿我左腕向我左側撐轉）
右轉身。同時，左手逆纏向左側轉，右手逆纏向右上轉。
（圖8－313）

圖8－313

圖8－314

2.左轉身進右步成右側馬步。同時，左手逆纏走裡弧線轉至左胯外側變順纏走外前右弧線轉向左胸前側（引掤對方左手），右手逆纏走裡弧線轉至右胯前變順纏走外前左弧線轉向胸右前方。（圖8－314）

3.右轉身。同時，右手順纏向腹部收轉（摟對方後腰），左手逆纏走前右弧線轉向胸前（按對方頸部）。（圖8－315）

第七十一式　十字擺蓮腳

1.**雙手引掤法：**（對方進左步雙手將我雙臂交叉封按於胸前，使我左臂在上側，右手於左腋下）左轉身，胸向東北。同時，右手逆纏轉向左腋下（引對方右手），左手逆纏轉向右肘外側（引對方左手）。（圖8－316）

2.右轉身換步成左側馬步，胸向東南。同時，右手原處順纏，手指下扣（反拿對方右手手腕）。（圖8－317）

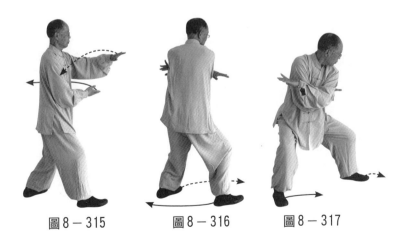

圖8－315　　　　圖8－316　　　　圖8－317

3.右轉身，左腳向左側移半步，右腳腳尖劃地走外弧線成右後虛步，右膝內扣，腳尖點地。雙手手型不變。（圖8－318）

4.左轉身，右腳向左前提起成左獨立步。同時，右手逆纏（拿對方右手腕）轉向右胯外側。（圖8－319）

5.右轉身，右腳繃腳面走外右弧線（右腳面擊對方背部）轉向右前斜角。同時，左手逆纏走外左上弧線擦右腳腳面轉向左側（擠對方頸部），右手逆纏走外右弧線轉向右側（引對方右手）。（圖8－320）

第七十二式　指襠捶

1.**右引掤**：（對方拿我右腕向右後擰轉）左轉身，落右腳成右後虛步。同時，右手逆纏走下後弧線轉向右胯外側，左手逆纏轉向左胸前側。（圖8－321）

2.**右纏拿**：右後轉身，收右腳成右盤步，胸向西北。

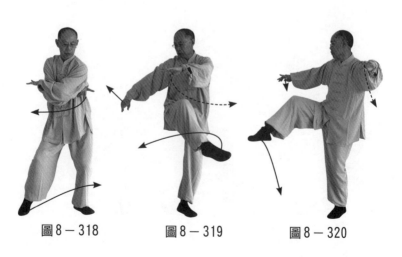

圖8－318　　　　圖8－319　　　　圖8－320

同時，右手先逆纏轉向右胸前側變順纏轉向胸口（反拿對方右腕），左手按在右手腕上側。（圖8－322）

第3、4、5動與第六十六式進步掩手肱捶第3、4、5動相同。（圖8－323、圖8－324）

6.左引右擊。左轉身，馬步不變。同時，左手順纏

圖8－321　　　　　　　圖8－322

圖8－323　　　　　　　圖8－324

（拿對方左手腕）收至胸口，右拳逆纏向前下擊出（擊對方襠部）。（圖8－325、圖8－325附圖）

圖8－325

圖8－325附圖

第七十三式　猿猴獻果

第1、2、3動與第四十式小擒打第1、2、3動相同，其中第1動可參見圖8－171，第2、3動見下圖。（圖8－326、圖8－326附圖、圖8－327）

4.右滑進步成左後虛步。同時，右拳順纏走裡上弧線轉至右前上斜角，高齊下頜（擊對方下頜），左手順纏走裡右弧線轉向右臂肘彎裡側。（圖8－328）

第七十四式　六封四閉

1.右收掤法：（對方向左推我右臂）左轉身，左滑退步成右前虛步，右腳尖點地，右膝內扣。同時，右臂反旋上弧線收，左手在右臂肘彎處順纏。（圖8－329）

2.**右前雙手按法：**右轉身，右滑進步成左後虛步。同時，右手反旋上弧線收至胸口右側，然後雙手逆纏轉向右前側。（圖8－330）

圖8－326

圖8－326附圖

圖8－327

圖8－328

圖8－329

圖8－330

第七十五式　單　鞭

1.右引掤法：（對方左手拿我右手腕內側）右轉，右手順纏，手腕內扣收至右肩前側（將對方左腕夾住引至我右肩窩處）；左手逆纏轉向右手前下方（拿對方左手腕外側）。（圖8－331）

2.右挒法：左轉，左手順纏（拿對方左手腕）收至胸口，右臂順纏向左前下轉（挒對方左臂）。（圖8－332）

圖8－331　　　　　　圖8－332

3.逆纏右擠法：左轉，左手順纏，右手仍為勾手，逆纏走外上弧線（用手背擠對方面部）。（圖8－333）

第4、5、6、7、8、9動與第四式單鞭第4、5、6、7、8、9動相同，其中第4動和第6～8動可參見圖8－22和圖8－24～圖8－26，第5動、第9動見下圖。（圖8－334、圖8－335）

第七十六式　穿地龍

1.左收掤：（對方在我左側右腿套我左腿，雙手按我左臂）右轉身成左側馬步。同時，雙拳順纏合於胸前，右拳在外。（圖8－336）

圖8－333

圖8－334

圖8－335

圖8－336

2.**右採法**：右轉身，左腳尖內扣，右腿屈膝下蹲成左仆步。同時，右手逆纏轉向右前斜角（採對方左手腕內側），左手逆纏貼右腕隨右手一起轉向右前斜角。（圖8－337）

3.（對方在左手被採時，變右弓步，右手按我左腿）左轉身。同時，左手逆纏走下左弧線轉至左小腿外側（向外撥對方右膝內側），右手逆纏略向右開。（圖8－338）

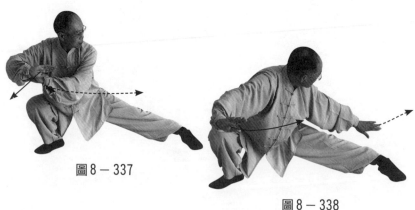

圖8－337

圖8－338

第七十七式　上步騎鯨

1.**左手掤法**：（對方右手拿我左前臂外翻）左轉身變左弓步。同時，左手握拳順纏走左上弧線轉向左前斜角，右手握拳順纏走裡左弧線轉向腹右前方。（圖8－339）

2.進右步成右前虛步，胸向東北。同時，左手原處順纏，右手順纏走裡左上弧線轉向左前上斜角（轉至對方右前臂下側）。（圖8－340）

3.**雙手絞纏捌腕**：右轉身。同時，右手順纏向胸口上方收轉，左手順纏走外右弧線向胸口上方收轉，雙前臂交叉，左手在外。（圖8－341）

4.左轉身。同時，右手逆纏向下翻轉，手腕內扣（用小指一側扣壓對方右前臂）轉向小腹前；左手逆纏向下翻轉，手腕內扣轉向小腹前。（圖8－342）

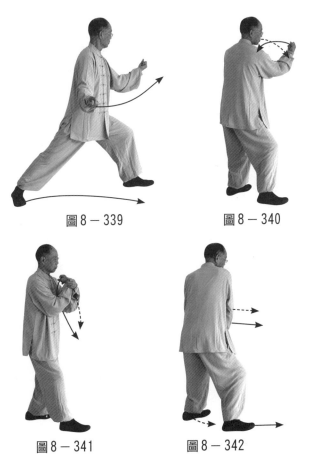

圖8－339　　　　　　圖8－340

圖8－341　　　　　　圖8－342

5.**雙撞捶：**（對方為化我絞纏，左轉身）右轉身。同時，雙拳順纏貼胸向上翻；隨即右滑進步成右側小馬步，胸向東。雙拳前擊，拳眼向上。（圖8－343）

第七十八式 退步跨虎

1.**左轉收掤法：**（對方雙手按我雙臂）左轉身，胸向東北。同時，雙手逆纏收轉至腹部，雙臂交叉，右手在外。（圖8－344）

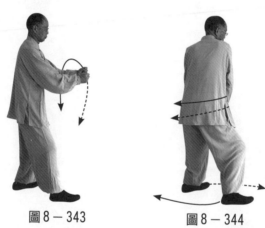

圖8－343   圖8－344

2.**左肩靠法：**右轉身換步成馬步（左腿套對方右腿），胸向南。同時，右手順纏貼身上轉到胸部左側變逆纏，左手順纏轉向右胯前側（左肩靠對方右肋）。（圖8－345）

3.**左擠法：**左轉身。同時，左手順纏左後上開（擠對方胸部），右手逆纏右下開。（圖8－346）

4.右轉身。同時，左手逆纏走左下後弧線轉向左胯左後側（擊對方襠部），右手逆纏向後下轉。（圖8－347）

184

5.（對方左手拿我左手腕向我左後撐轉）左轉身。同時，左手順纏在左側逆時針轉一圈轉至左上斜角（反拿對方左腕），右手順纏在右側順時針轉一圈轉至右上斜角。（圖8－348）

6.**左掃帶**：左轉身，左腿順纏，左腳跟收掃成外八字小馬步（左腳掃帶對方右腿）。同時，左手順纏轉向左

圖8－345　　　　　圖8－346

圖8－347　　　　　圖8－348

肩前側（拿對方左腕），右手順纏轉向右肩前側。（圖8－349）

注：第5、6動用法也是化解兩人從左右兩側拿左右手撐轉。

第七十九式　轉身雙擺蓮

1.右引掤法：（對方在我右側按我右臂）右轉身換步成左側馬步，胸向西。同時，右手順纏走裡弧線收轉到腹前變逆纏轉向右胯外側（引掤對方右手），左手逆纏走裡下弧線轉至左胯外側，變順纏走外上右弧線至胸前（按對方右肩外側）。（圖8－350）

2.左轉身。同時，左手順纏向腹部收轉（摟對方後腰），右手逆纏走外前右弧線轉向胸前（按對方頸部）。（圖8－351）

3.右收掤：（對方轉向我右側，雙手按我右臂）左轉

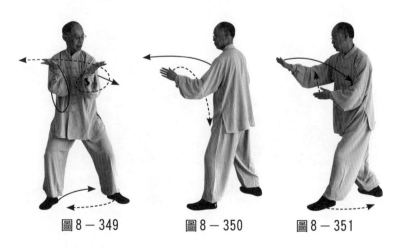

圖8－349　　　　圖8－350　　　　圖8－351

身，左腿順纏，收左腳成左盤步。同
時，右手順纏走外左弧線轉向左胸側
變逆纏，左手順纏轉向右前臂外側變
逆纏。（圖8－352）

4.提右膝成左獨立步，右腿裡
合。同時，右手逆纏走外右弧線轉向
右側（右手和右腿夾擊），左手逆纏
走外左弧線轉向左側（向左引對方左
手）。（圖8－353）

圖8－352

5.左轉身，落右腳成右後虛步。
同時，右手順纏向右翻轉，鬆肩沉肘；左手逆纏走外右弧
線轉向右肩前側。（圖8－354）

6.左轉身，右腳向左前提起成左獨立步。同時，左手
原處逆纏，右手原處順纏。（圖8－355）

7.右轉身，右腳繃腳面走外右弧線向右擺轉（用腳背

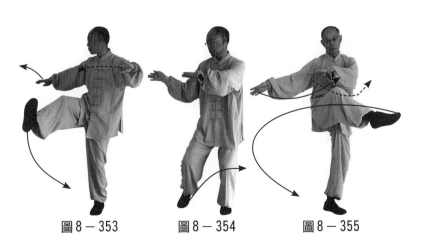

圖8－353　　　　圖8－354　　　　圖8－355

向右擊對方背部），然後屈膝，小腿垂直地面。同時，左手順纏走外左弧線轉向身體左側，右手逆纏走外左弧線轉向身體左側，雙手先後擦擊右腳面。（圖8－356）

第八十式　當門炮

1.左收掤法：（接上勢，對方在我左前方按我左臂）右轉身，向後落右腳成左半仆步。同時，左手順纏握拳收轉至左肩前側，右手順纏握拳收轉至胸口。（圖8－357）

圖8－356　　　　　　　圖8－357

2.左掤右擊：左轉身變左側馬步。同時，左拳逆纏轉向左前上斜角（左上掤對方雙手），右拳逆纏向左前斜角擊出（擊對方胸部）。（圖8－358）

第八十一式　金剛搗碓

1.左臂上掤法：（對方右手托我左臂）左轉身。同時，左手逆纏向左上轉，右手順纏轉向左臂外側下滑至左腋下（按對方右手背使其滑向我左腋下）。（圖8－359）

2.右轉身，下蹲成馬步，胸向西北。同時，左手逆纏走左下弧線轉向左胯外後側，上臂貼肋（腋部夾捌對方右手腕）。（圖8-360）

3.左轉身，左腳走裡弧線變左前虛步，胸向西南。同時，左手逆纏走外右弧線轉至右胯前，變順纏走裡上左弧線轉向左上斜角，上臂貼肋；右手仍在左腋下。（圖8-361）

圖8-358　　　　　　　圖8-359

圖8-360　　　　　　　圖8-361

圖8-362　　　圖8-363

4.左轉身成左盤步。同時，左手順纏向左下轉，上臂貼肋，手指下垂（扣壓對方右臂肘彎）；右手由逆纏變順纏走左前下弧線轉向左前下斜角（按對方胸部）。（圖8-362）

注：此動的用法也可以是對方用左手拿我左腕，我左手順纏反拿對方左腕，右手按對方左肘關節。

第5、6、7、8動與第一式金剛搗碓第5、6、7、8動相同。（圖8-363～圖8-366）

圖8-364　　　圖8-365　　　圖8-366

九、特色拳式的演變

據說陳王廷時代創編有「長拳108式」，現在已失傳。不過經過人們不斷地考證、挖掘，目前已出現有稱為「陳式太極長拳108式拳譜」的資料。

網上還有了「陳式太極長拳108式」影音。標有「陳式」「太極」等字樣，應當是現在人們加上去的。儘管這些拳譜、影音可能和當初時的拳譜、練法會有差異，但還是有參考價值的。

戚繼光的著作《紀效新書》是中華武術史上正式出版的較早描述拳式的書籍。「陳式太極長拳108式」中的許多拳式式名與戚繼光的《紀效新書・拳經篇》中的拳式式名相同或相近，而且現代的陳式太極拳也一直沿用。例如：懶紮衣、金雞獨立、探馬勢、拗單鞭、七星拳、倒騎龍、拋架子、擒拿勢、伏虎勢、雀地龍、跨虎勢、順鸞肘、拗鸞肘、倒插勢、指當勢、獸頭勢等。

陳式太極拳的創始人陳王廷成年時，戚繼光去世不過三十幾年。陳王廷是明代軍人，我推測他所創編的拳式有一些很可能是基於戚繼光的拳式。

「長拳108式」是太極拳的源頭。陳式太極拳流傳至今已有幾百年的歷史。在這幾百年的時間裡，經歷了一個

發展變化過程。在今天，各地區所演練的陳式太極拳大都是陳發科先生所傳。目前陳式太極拳中仍然有與上面提到的那些拳式式名相同或相近的拳式式名，只是練法有變化。同為陳發科先生所傳授，不同傳承人所傳授的陳式太極拳，某些拳式的練法也有明顯的差異。以下主要講述一些特色拳式的差異及演變過程。

清末民初陳鑫的《陳氏太極拳圖說》（簡稱《陳說》）是較早正式出版的陳式太極拳著作，從其所描述的拳式可以看出那個時代陳式太極拳的練法。

現代陳式太極拳著作，有沈家楨、顧留馨所著《陳式太極拳》（1963 年出版），陳小旺所著《世傳陳式太極拳》（1985 年出版），陳續甫所著《陳氏太極拳匯宗》（1988 年出版），洪均生所著《陳式太極拳實用拳法》（1989 年出版）等。

《世傳陳式太極拳》中的一路拳和二路拳都標有「老架」二字。將早期太極拳著作和現代太極拳著作所描述的某些拳式做縱向比較，將現代幾部太極拳著作所描述的某些拳式做橫向比較，講述某些拳式的演變問題。之所以討論這些拳式，是因為對拳式中的某些動作有疑點，疑點包括動作和式名不符、動作用法不明確等。在比較、討論、試驗的基礎上，力求選擇更為合理的練法。

拳式式名分為兩種類型：一類是象形比喻型，例如金剛搗碓、白鶴亮翅、懶紮衣等；另一類是表達用法型，例如掩手肱捶、左蹬腳、雙推手等。

一個式子，一般都是由幾個動作組成的。大多數的

拳式都是根據該式最後一個動作的姿態定式名的。有些拳式在一個套路中出現幾次，例如金剛搗碓、懶紮衣、六封四閉等，雖式名相同，但動作不全相同，只是最後落式相同。也有個別拳式的式名所表示的不是拳式最後一動的定勢，而是表示拳式動作運行過程，如玉女穿梭、翻花舞袖、風掃梅花等。

（一）金剛搗碓

《陳說》六十四勢（式）中包含3個金剛搗碓勢，另外又將上步七星勢末尾取名為金剛搗碓。《陳式太極拳》《世傳陳式太極拳》和《實用拳法》中的一路拳都包含4個金剛搗碓，其練法略有差異，這裡主要講解第一個金剛搗碓勢。

先看金剛搗碓的步法。右雙上採法出左腳，現在至少有3種練法：

1.左腳尖勾起以腳跟貼地向左前方前進成左仆步。這種出腳法適宜套法，即對方右腿在前，我出左腳，左腿在對方右腿外側。洪師在教學生兩人試驗此式用法時，用金剛搗碓一方用左腿套對方右腿。《實用拳法》中講該式的用法時也說「進左步到對方右腿外側」。

2.「左腿提膝經右腿裡側，勾起腳尖，以腳跟貼地逆纏，走裡弧線，向左前方前進約二肩寬成左仆步」（引自《實用拳法》）。這種出腳法適宜襯法，不適宜套法。

3.「重心完全落至右腿，左腳提起……左腳腳尖翹起，以腳跟內側貼地向左前方鏟出」（引自《陳式太極

拳》)。這種練法，意欲蹬踹對方右小腿？

本書第一路第一式金剛搗碓第2動（《實用拳法》中的第3動）出左腳是照上述1的練法。

其次手法。《實用拳法》中金剛搗碓的第4動和第5動是左擠右按法，洪師要求中指揚向右前上斜角，如推物狀。有的練法是手指下垂，意為撩襠。另外，《實用拳法》中金剛搗碓的第5動由左擠右按變進右步雙手抱纏拿法（拿對方左腕）；第6動，身右轉加大雙手抱纏拿法。這種雙手纏抱捌腕法在其他著作中是沒有的。

《實用拳法》中第一路第二個金剛搗碓，落勢是左手握拳在下，右手為掌在左拳上方，這與《陳說》中上步七星勢末尾金剛搗碓形同。

《陳說》中又將金剛搗碓一式取名「護心拳」。

（二）懶紮衣

「懶紮衣」之名原出自戚繼光《紀效全書》中的《拳經》卷，是形象比喻型的。其拳姿為右手高舉，眼向左視，左手在左後。在拳經三十二勢中，懶紮衣是一個開門勢，也就是與對方交手時的預備動作，其形象如撩衣緊帶。「懶」字是欲體現沉著不慌的神態。陳式太極拳借用此式名，但練法不同，其最後一動是右弓步，右手向右開，左手位於胸口處（《陳說》中是「左手叉住腰」）。

現在有些陳式太極拳的書仍用「懶紮衣」之名，如《世傳陳式太極拳》《陳式太極拳》等。因為其形象並不像戚繼光《拳經》中的懶紮衣，所以人們不斷地在更改

式名。《陳說》中稱此式為「攬擦衣」，並講：「何為攬擦衣？攬者如手攬物，擦者如手挨著衣者上衣，形如以左手攬物挨著衣服。」《實用拳法》中取此式名為「攔擦衣」，並講：「它的著法是從右側接手，攔截來勁的著法。發勁迅速輕靈，擦衣而發。不是將對方攬在懷中的，因改為今名。」

《實用拳法》中第一路共有4個「攔擦衣」，上述動作是指第一個攔擦衣的第1動。後面的3個攔擦衣都沒有這樣的動作，它們的共同動作是最後一動右弓步右手向右開，左手位於胸口。

《陳式太極拳》一路第三式懶紮衣第1動（《實用拳法》中第一個攔擦衣的第2動）是右手向右上側開。經過反覆試驗，當對方在你右側雙手封按你右臂，你欲正旋向右上開右手是很困難的。為此，將這一動做了修改，利用以上所講的「套筒原理」，右轉體，右臂貼身順纏化解對方的按法。

（三）六封四閉

六封四閉的主要手法是左捋和左後虛步右側雙按。《實用拳法》中一路拳有5個六封四閉勢，第5個六封四閉（第七十四式）只有右收掤和左後虛步右側雙按兩動，沒有左捋法。可見所有的六封四閉勢其共同動作是最後一動左後虛步右側雙按。

洪師所教左捋法的左手順纏走裡左弧線轉到胸口，貼身加大順纏；右臂在收肘時有下塌外碾的動作。這樣捋法

圖9－1

的作用是，將對方的左臂如同擰毛巾一樣，它最能體現出陳式太極拳的特點——纏法。這種左轉身左捋的手法，下盤應以馬步配合。

圖9－1是根據陳發科先生所練六封四閉左捋法拳照所拍攝的，可以看出左手走的圈較大，向左前上提，右臂順纏向左收，下盤是右半仆步。在上盤走大圈的情況下，下盤走右仆步加大捋法是合理的。

本書一路第四十八式六封四閉左捋就是採用上盤走大圈，下盤走仆步的練法。左手（拿對方左腕）在胸口順纏和右仆步不匹配。若走右仆步，對方略隨，你就易坐地倒下。另外，在試驗六封四閉的用法時，經常遇到右手和右臂被對方封按在胸右側，而對方左手順纏左上掤。在這種情況下，右臂無法使用下塌外碾的動作，左手只能逆纏隨。而書中改用左手逆纏上引對方左手，右肘向左發肘。從用法講，這是擊對方左肘關節的拗攔肘法。這裡將洪師所教的左捋法用在倒捲肱最後一動。

經常有學生問我，六封四閉是太極拳的主要拳式之一，為什麼有的門派稱六封四閉，而有的門派稱「如封四閉」。六封四閉是封閉前後左右上下各方，使敵無隙可入之意。早期傳拳者多以口傳，由於地方口音差別很大，個別式名難免訛傳。有些地方將「六」讀「LU」音。早年

間文言中也將「六」讀「LU」音。有些劇種的戲詞也讀「LU」音。而有些地方又將「LU」和「RU」讀混。於是「六封四閉」變成了「如封似閉」。當然這只是一種猜測。

（四）單　鞭

《紀效新書》拳經三十二勢中有一式是「拗單鞭」，如圖9-2所示；還有一式稱「一條鞭」，其形和現在太極拳中的單鞭式相似。《陳式太極拳》和《實用拳法》中的第一路拳都包含7個單鞭式，可見單鞭式是陳式太極拳的重要拳式。

這裡先討論單鞭式向左運左手的動作。《陳式太極拳》中單鞭動作三為：「左掌自腹前稍向右上托，即弧形向左順纏，纏至左側，高與肩平時，以掌根微下按。」因為書中未講用法，對於左手為何向右上托不便妄加猜測。

《實用拳法》中單鞭第4動講：「左手變逆纏，以手領肘，肘領肩走外左上弧線，斜向左前上斜角轉出。」並講這一動作用法是：用肘攻其心部，同時用左手採拿其左腕。洪師所教的單鞭練法（參考《實用拳法》中的圖4-3、圖4-4）正如前面講的「以手領肘走左前上弧線」，沒有肘法。本書增添了洪師所講的

圖9-2

「用肘攻其心部」的左肘法。

再論向左出左腳的問題。《陳式太極拳》講：「身體微右轉即向左轉回。……接著重心全部移於右腿，提起左腳，身體下蹲，即以左腳跟向左虛虛貼地鏟出……」

《實用拳法》講向左出左腳：「身略右轉。……左腿變逆纏勾起左腳尖，用左腳跟裡側貼地向左橫開一大步……」這裡有兩點不同，一是前者向左轉，後者向右轉；二是前者提起左腳，後者不提。對此我們做過試驗，當對方在你左側封按你左臂時，你向左轉出左腳是很困難的，或左轉提左腳出步也是很困難的。

（五）掩手肱捶

《實用拳法》第四部分「陳式太極拳實用拳法式名考、動作、著法要領說明」中將套路中的拳式進行了歸類。其中掩手肱捶類包括了如搬攔捶、擊地捶、猿猴獻果、伏虎等27個拳式。套路中即使名同為「掩手肱捶」的幾個拳式，其練法也有區別。

這裡只講一種典型的掩手肱捶的練法，如《實用拳法》中的第十二式。此式最後一動為以左手順纏（拿對方左手腕）收轉到胸口，右拳逆纏向正前方擊發。洪師講：「陳師初教我時，左手係收在左肋旁，掌心向裡；後又改為在腹部左側，掌心順纏側向右後下斜角。」我認為由於對方相對於我的位置不同，右拳擊出的方向也不同。由於右拳擊出的方向不同，左手的位置也不同，步型也不同。如下掩手肱捶，對方在我右前側，我右拳擊向右前側，高

齊小腹，馬步，左手應收至胸口。如果對方在我前方，我右拳向正前擊出，左弓步，左手也應收至胸口。如果對方在我左前側，我右拳擊向左前方，左弓步，左手應收至左肋部。

此式在左手收時，右拳從左臂下方擊出，右拳逆纏擊發有兩種作用，一是右拳擊對方胸部（或腹部，或肋部），二是可用右臂逆纏擊對方右肘關節，所以稱為掩手「肱」捶。洪師手法的微妙處在於左手順纏拿對方手腕收至胸口時有一個向下扣腕的動作，其作用是使對方不能進肘。

「掩手肱捶」在《陳說》中名為「演手肱捶」，與現在練法有明顯差別，左手不是收在胸口（或左肋），而是向前展開的（有向右按對方右肩之意）。早先「肱」字和「紅」字讀音同，所以至今不少書籍文章仍將此式寫為「掩手紅捶」。

《實用拳法》中將窩底炮一式歸於掩手肱捶類。《陳式太極拳》中稱此式為「窩裡」，其練法與《實用拳法》中的窩底炮大體相似，最後一動為右拳順纏右上擊。《世傳陳式太極拳》中的窩底炮一式最後一動是馬步「右拳內旋（逆纏）向右擊出，拳心向下」，這與上述二著作中的練法明顯不同。

《實用拳法》沒有將肘底捶歸類於掩手肱捶類，而是歸類於三換掌類。《陳式太極拳》和《實用拳法》中的肘底捶練法基本相同，即右手走正旋圈轉至腹部左側，左手走反旋圈轉至左肩前方，右手在左肘下方。

《實用拳法》中在講該式的用法是：前後開手的基本功，雙手收合的基本功。沒有講肘底捶式和三換掌式的實用拳法，只講是練基本功，這在《實用拳法》中是例外。我將肘底捶的練法修改為「左手上托對方右臂，右拳擊對方右肘」。

（六）庇身捶

《實用拳法》中第一路第十四式為十字手、第十五式為庇身捶、第十六式為背折靠、第十七式為下掩手捶，這4個式子是相連的。《陳說》《陳式太極拳》和《世傳陳式太極拳》都沒寫十字手這個式名，是從金剛搗碓接庇身捶，但有十字手這一式的動作。

《陳說》中第十三勢（式）為庇身捶，在對庇身捶的說明中將形如圖9-3的拳式稱為「庇身捶前半勢圖」，又稱為「七寸靠」。意思是對方在前面按住我頭，我將右腳進入對方襠中間，右肩向下離地只有七寸，依著對方下腹，為下一動蓄勁。接著用肩往上挑，使其飛起跌下，如圖9-4所示。

再下一動是假定對方以兩手摟我右臂引近其身，我肩臂向外反折回擊之，如圖9-5所示，並稱之為背折靠庇身捶後式。接下來第十四式為

圖9-3

圖9－4　　　　　　　　圖9－5

「指襠捶」。書中又附庇身捶後掩手捶七言俚語：「右肩往後退幾分，轉過勁來又一捶，此捶轉向小腹打，一擊中的便傷人。」書中還說庇身捶又名撇身捶。

《陳式太極拳》是將《實用拳法》中的庇身捶第1、2、3動定為庇身捶；將第4動定為背折靠。《世傳陳式太極拳》是將《實用拳法》中的庇身捶、背折靠兩式合稱為撇身捶。《陳說》第十四式名為指襠捶，但用法卻說「打小腹」，不如用下掩手捶更好。而《陳式太極拳》和《世傳陳式太極拳》將此動名曰青龍出水，拳向下打，以「出水」名之似乎欠妥。《陳說》中有青龍出水這個式名，右手不是拳斜向下打，而是右掌向前上挑，手指斜向上。

《實用拳法》中的「庇身捶」和《陳式太極拳》《世傳陳式太極拳》的庇身捶（含背折靠）練法相似，只是講用法時有些差別。我認為像庇身捶、背折靠這類拳式最能體現出陳式太極拳的「理精法密」。

（七）白鶴亮翅

白鶴亮翅式名是形象比喻型的。《陳說》中此式式名為「白鵝亮翅」，落式時左後虛步，雙手在胸前，手心斜相對，並講「左手隨右手」。現在各地練法大體相同，落式時左前虛步，眼看左前方，右手逆纏開向右前上斜角，左手逆纏轉向左前下斜角。這樣的練法與《陳說》中的練法有明顯的差別。

《實用拳法》中一路第3個白鶴亮翅，即第六十三式白鶴亮翅給出一新的練法：落式時左後虛步，眼看右前方，右手順纏開向右前上斜角，左手逆纏轉向左胯外側，使用的是右手順纏擠法和右肩後側靠法。本書一路拳第六十三式採用了這種練法。

靠法是太極拳的重要技法，特別是迎門靠法（用肩前側靠對方胸部），但在原套路中沒有這種靠法，書中的白鶴亮翅分解為兩動，第1動如同《陳說》中的白鶴亮翅，第2動為迎門靠法。例如：左迎門靠為左側馬步，右手逆纏轉向右前上斜角，左手逆纏轉向左後下斜角，其形象和原套路中的白鶴亮翅類似，只是步法有差別。

（八）摟膝拗步

帶有「拗」字的拳式有斜行拗步、前蹚拗步、摟膝拗步、拗步斬手等。

為什麼要研究這幾個拳式？因為經常有學生問「拗」字是什麼意思？簡單地講，拗是不順的意思。《紀效新

書‧拳經篇》有一式名曰「拗單鞭」，參見圖9–2，其勢為左手在前，右腳在前；右手在後，左腳在後。

《陳說》中的斜行拗步一式，如圖9–6所示，並講解說：「拗步者，左足西南，右足東北；右手西北，左手東南；手與足扭一勢，左右手足不同方向。」《陳說》中的摟膝拗步其落式和斜行拗步相同。

《實用拳法》中有一式名為「拗步斬手」，落式為左手和右腳在前（右盤步），如圖9–7所示。這些拳式都表現為手和腳左右不順。

現下陳式太極拳所練摟膝拗步其落式都不像《陳說》中講的「拗步」之勢，而是左弓步，雙手大開，左手左腳同在左側，右手右腳同在右側。《陳說》中將摟膝拗步的作用說為「六封四閉」（《陳說》中沒有六封四閉這一式），這也說明《陳說》中的摟膝拗步落式不像當今所練的摟膝拗步落式門戶大開。

圖9–6　　　　　　　圖9–7

圖 9－8

《實用拳法》中的斜行拗步和前蹚拗步落式皆左側馬步，左手左腳同在左側，右手右腳同在右側。《陳式太極拳》中沒有摟膝拗步式名，而斜行拗步和《實用拳法》中的摟膝拗步相同。《陳式太極拳》中前蹚拗步的落式和其中的斜行拗步類似，只是左手為掌。

上述講的摟膝拗步、斜行拗步和前蹚拗步其落式都不為「拗步」。《世傳陳式太極拳》一路中把《陳式太極拳》中的「初收」取名為「摟膝」，《實用拳法》中的摟膝拗步（《陳式太極拳》中的斜行拗步）取名「斜行」，前蹚拗步取名為「上三步」，式名中都沒有「拗」字。

為了解釋這個「拗」字，《實用拳法》講：「因我們生活中走路時，邁右步則左手向前擺動，邁左步則右手向前擺動。拳式的動作卻與人的生活習慣相反，而且右或左手足一同向前，故名之為『拗步』。」這裡說的是斜行拗步和前蹚拗步的腳步運行過程。《實用拳法》中第二路第五十一式倒插花第3動為左腳向右前，左手向左後，如圖9－8所示。洪師將這樣的行步方式稱為「雙手左引進兼拗步左踹法」。比較上述兩種不同的行步過程，我認為後種步法稱為「拗步」更恰當。

《陳式太極拳》中第二路第八式取名「拗步斜行」表達的應當是拳式運行過程，這就避免了落式不是「拗步」

的問題。本書將斜行拗步和前蹚拗步這二式看作是表示運行過程的，練法中包含類似圖9-8的拗步步法。

（九）左(右)插腳和左(右)蹬腳

先講左插腳和右插腳。《陳說》和《實用拳法》把此式取名為左插腳、右插腳，《陳氏太極拳匯宗》名為左插、右插，《世傳陳式太極拳》和《陳式太極拳》取名為左擦腳、右擦腳，楊式太極拳類似的動作取名為左分腳、右分腳。

這幾種名稱都是說明動作作用的，通常腳的擊法主要是蹬、踢、踹，無論是口語或是文字都不用擦、插、分。既然是說明腳的動作作用，還不如稱為左彈踢、右彈踢。

《陳說》中第三十一勢（式）名為「踢一腳」，如圖9-9所示，其練法和《實用拳法》中的左插腳基本相同。《陳說》中的左插腳和右插腳後手是收於胸口的，如圖9-10、圖9-11所示。

圖9-9　　　　　　　圖9-10

圖 9－11　　　　　　　　圖 9－12

　　再講左蹬腳和右蹬腳。《實用拳法》中的「左（右）蹬腳」在《世傳陳式太極拳》中稱為「左（右）蹬一根」，《陳式太極拳》中名為「蹬一根」，《陳氏太極拳匯宗》中稱為「蹬一跟子」。雖名稱不同，但練法基本相同。《陳說》中的「蹬一跟（根）」其練法如圖 9－12 所示，和上述蹬一根大不相同。《陳說》中第二十七勢（式）名為「中單鞭」，和《世傳陳式太極拳》中的「左蹬一根」相同。

（十）雲　手

　　《陳說》中有 3 個雲手式，根據在套路中的先後順序分別稱為上雲手、中雲手和下雲手。3 個雲手練法是一樣的，是由眼看右方以右手為主運行的「右雲手」式和眼看左方以左手為主運行的「左雲手」式組成的。左雲手和右雲手與基本功中的左滑步雲手及右滑步雲手類似。

　　《實用拳法》一路拳中也包含3個雲手，稱為上雲手、中雲手、下雲手，三式步法不同。上雲手就是前面介紹的右跟步雲手，中雲手和下雲手與基本功中的右偷步雲手及右蓋步雲手類似，但手法和步法的配合不同，右偷步（右蓋步）時，是左手正旋下弧線收，右手正旋上弧線開。

　　《陳式太極拳》一路拳中也有3個雲手式，名同為雲手，練法也完全相同，與基本功中的右偷步雲手相同。《陳式太極拳》二路中的第十九式和第二十一式也稱為雲手，在《實用拳法》中，這二式稱為大紅拳、小紅拳。大紅拳的練法和右滑步雲手相同，小紅拳和左滑步雲手相同。

　　《世傳陳式太極拳》一路拳中有3個雲手式，《陳氏太極拳匯宗》有2個雲手拳式，都和本書介紹的右跟步雲手相同。

　　基本功是培養內勁的訓練，無須講攻防招式。從練基本功的角度，雲手對培養太極內勁和訓練基本手法、步法是很重要的。套路中的拳式除培養內勁還要講究攻防招式，而且一定要講，否則就不能稱其為武術套路。

　　從用法講，我們經過兩人反覆交手試驗，當你處於左側馬步，對方封按你的左臂，你欲左手正旋上弧線開，同時向左跟右腳（上雲手）是很困難的；當你處於左盤步（中雲手）或右盤步（下雲手），對方封按你左臂，你欲左手正旋上弧線開，同時向左出左腳也是很困難的；當你處於左側馬步，對方封按你左臂，你欲左手正旋上弧線

開，同時走右偷步（《陳式太極拳》一路中的雲手）也是很困難的。

鑒於此，本書套路將雲手的練法作了修改，其主要手法為雙手一上一下，手心相對配合劃圈運轉；其主要用法為掤法和捯法；其形象如同風吹雲轉。就形象而言，京劇武生「起霸」中的「雲手」程式就是這樣運轉的。

（十一）裹身鞭

《實用拳法》二路中的第二十九式為「裹身鞭」，第三十式為「右轉身裹身鞭」。《陳式太極拳》名之為「左裹鞭炮」和「右裹鞭炮」。《世傳陳式太極拳》名之為「裡變裡變」。

《實用拳法》「裹身鞭」中的第1、2動與一路第十三式右轉身金剛搗碓的第1、2動相同，應是從右側接手的著法。《實用拳法》第306頁講：「此係從左前方接手的著法。如從背後接手則與此不同。……因為陳式太極拳動作皆是螺旋，其作用可以應付多面。文中只根據一面講述，倘能練得正確而又純熟，則用時自能體會陳鑫所說的『周身上下都是拳的妙用』。」「從左前方接手」可能是筆誤，應當手從右側接手。

洪師這裡講了一個道理，即某些拳式可能有幾種用法，文中所講的用法只是其中的一種。裹身鞭的用法可以是解從身後摟抱；也可用於解對方從左（右）側按我左（右）臂，我右（左）轉，逆纏下收掤，而後順纏左右外開。

裹身鞭的「裹」字是指雙臂交叉合於胸前的動作；而「鞭」字是指左右同時左右外開的動作。就左右手左右外開動作，《實用拳法》中講：「同時雙手變順纏，走外下弧線，分向左右，肘向後方沉發。左拳心側向右後上斜角。……右拳心側向左後上斜角。」在講用法時又講：「此動作以右後為主，攻擊對方的右肋。」

《陳式太極拳》中講：「雙手轉順纏，向左右兩側並微向後發出挒勁。此時拳心向上，發時左手左足為主。」《世傳陳式太極拳》講：「兩拳一齊向上，外旋向左右兩側、向下砸。」三種練法有明顯差異。

（十二）連環炮

《實用拳法》二路中的第八式為連環炮，分解為2動，第1動為左拳法，第2動為右掌法兼右腳掃帶。

《陳式太極拳》二路中的第五十八式為連環炮，並附有陳發科先生的拳照圖，圖中顯示連環炮分解為3動，分別為左拳和右拳交替連環出擊3次。王振華先生的「陳式太極長拳108式」視頻中第十六式「連珠炮」，其練法為左拳和右拳交替連環出擊4次。

《陳式太極拳》二路中的第二十三式、二十四式、二十五式為連珠炮，該式也附有陳發科先生的拳照圖，其練法是連續2次右滑進步右側雙按。

（十三）大肱拳·小肱拳

《實用拳法》二路中的第二十一式為大紅拳，第二

十三式為小紅拳，並把它們歸於雲手類。大紅拳的動作就是基本功中的右滑步雲手；小紅拳的動作和大紅拳左右對稱，也就是左滑步雲手。

相應《實用拳法》中的大紅拳和小紅拳，《陳式太極拳》二路中的第十九式為雲手，第二十一式也為雲手，練法和上述大紅拳和小紅拳類似。《世傳陳式太極拳》二路中的第十五式為「大肱拳小肱拳」，其練法和基本功中的偷步雲手類似。

首先是式名問題。《實用拳法》中講：「『紅拳』之名來自其他套路。」「陳式太極長拳108式」拳譜中多次出現「紅拳」式名。王振華先生「陳式太極長拳108式」影音中第14式「左、右紅拳」，是左、右肘法；第20式「小紅拳烈火攢心」，是左側馬步，左手勾手在胸前，右拳前擊。在太極拳界，常把拳式中的「肱」字誤寫成「紅」字，例如「掩手肱捶」寫成「掩手紅捶」、「倒捲肱」寫成「倒捲紅」等。

至於《陳式太極拳》中用「雲手」命名，可能是因該拳式手法用的是掌而不是「拳」而改之。《陳式太極拳》中還說：「為了容易做好轉過身來，陳發科到了北京後，為了使陳式太極拳大眾化，在這一轉中加入了雲手及高探馬兩個拳式。」

經過比較，我認為用「大紅拳」「小紅拳」作為式名不如用「大肱拳」「小肱拳」更為恰當。

另外，既然式名是「拳」，採用雲手的練法與拳式式名不符，應當是拳法。

（十四）劈架子

《實用拳法》二路中的第三十二式為劈架子。洪師講該式第2動：「左手變逆纏為拳，走裡下弧線，轉到心口向左前發。」又講：「當年我學此式時，陳師教的是雙逆纏，而左手為拳前開。《陳式太極拳》陳師的拳像則左手以順纏變掌而開，與原教的相反。」

圖 9 - 13

《實用拳法》中講該式要點為：「上撩的左拳應配合左腳尖踏地的時間，但只用左前臂上轉，肘沉下。」「左前臂上轉，肘沉下」應是順纏（圖9－13）。

「陳式太極長拳108式」中第十式名為「拋架子」。從王振華先生的影音可見，該式包含左右二式，其左式和陳發科先生的劈架子拳勢相同，其右式和左式左右對稱。

《世傳陳式太極拳》稱該式為「披架子」，練法和《陳式太極拳》中的劈架子相同。

（十五）回頭當門炮

《陳式太極拳》中的第二路第五十九式為「玉女穿梭」，此式在《實用拳法》中為第二路第五十三式，稱為「左變式打樁」。《陳式太極拳》第二路第六十式為「回頭當門炮」，在《實用拳法》中為第二路第五十四式，稱

為「左回頭當門炮」。此式的步法和眼法都沒變，與「回頭」二字不符。實際上「回頭」是在「玉女穿梭」一式完成的（《實用拳法》中的「左變式打樁」）。

《陳式太極拳》中第二路第六十式為「回頭當門炮」（《實用拳法》中第二路第五十七式「右回頭當門炮」）也存在一個並沒有「回頭」動作的問題。

以上較詳細地介紹了15種拳式的演變。對於沒有詳細研讀過有關太極拳著作的讀者，可能感到迷茫。《世傳陳式太極拳》前言中稱陳長興（1771～1853年）拳架為老架，陳發科（1888～1957年）拳架為新架，書中太極拳一路和太極拳二路都標明為「陳式老架」，即陳長興架。如果真是這樣，現在從《世傳陳式太極拳》選出幾個和陳發科拳架中式名相同、練法相同的拳式，這應當是新架中保留的老架，來和陳鑫（1849～1929年）所著《陳式太極拳圖說》中同名拳式比較，簡述如下。

1. 掩手肱捶

老架：左弓步，左手收於左脅側，右拳向右前發出。

陳鑫架：左弓步，「前手是左手展開」（不是收於左脅），「在後是右手」向前發出，即右拳在左掌後面。

2. 白鶴亮翅

老架：左前虛步，左掌在左髖前，右掌在頭右側。

陳鑫架：左後虛步，雙手在胸前。

3. 斜行（斜行拗步、摟膝拗步）

老架：左弓步，右手在右前側，左勾手在左前側。

陳鑫架：「手與足扭一勢，左右手足不同方向」，參見圖9-6所示。

4. 青龍出水

老架：馬步，右拳向右下發出，左手在左腹側。

陳鑫架：右前虛步，右手向前展開，「束住指」，左手在左腹側。

5.(右) 蹬一根

老架：左右拳向左右展開，右腳向右側蹬出。

陳鑫架：參見圖9-12所示。

《陳說》中還畫有此式用法圖：甲（用蹬一根者）以左腳踢乙，乙以右手抓住甲左腳踝；甲翻轉身雙手按地，右腳貼左腿向後蹬乙右手。（圖9-14）

圖9-14

　　以上5個拳式，新老架是相同的，卻與陳鑫架差別甚大。陳鑫雖非陳長興直系，但陳長興是陳氏最具代表性的太極拳傳人。

　　有人會問：陳鑫幼兒時陳長興還在，童年、青年時所見所學應當不會與陳長興架有那麼大的差異，是陳鑫將拳架改了嗎？這個問題留給讀者思考。

十、拳理拳法探析

在拳理方面，太極拳遵照中華古典哲學——《易學》的陽陽理論。陽陰理論是太極拳的理論基礎。用易理指導太極拳無可厚非，但過於籠統。近些年來，已有不少人開始從人體科學、力學等方面來研究太極拳。

現代太極拳文章、書籍中常出現的一些近代物理學概念，但其中有一些解釋或應用不甚恰當。在這一部分，我們著重介紹一些與太極拳有關的物理學概念，以解析物理學在太極拳拳理、拳法中的應用。在太極拳界，「意、氣、形」備受重視，以下也將加以解析。

（一）易理及物理學知識等基礎理論

1. 易理及道家學說

以上曾講過，「太極」一詞源於《易傳・繫辭上》，以「太極」名拳起自何時無從考證。較早者，王宗岳所著《太極拳論》中，開篇有句曰：「太極者，無極而生，動靜之機，陰陽之母。」「一陰一陽謂之道」是《繫辭》哲理的重要論點，認為陰陽相互交替作用是宇宙的根本規律。

太極拳將行拳中的剛柔、收放、進退等都以陰陽交替

轉換理論來解釋。

太極拳強調柔，強調以柔克剛，是老子的思想。《老子》中講：「天下之至柔，馳騁天下之至堅。」就是說柔弱勝剛強是自然之理。

2. 有關的物理學知識

在解析太極拳原理時，經典的太極拳著作大多只講到哲學層次，即陰陽理論。太極拳要進入科學殿堂，只講陰陽是不夠的，應當用近代科學，例如物理學、生物力學等來解釋微妙的太極現象。

當代太極拳界已不停步於陰陽理論，許多文章和書籍中常用到一些近代物理學的概念與原理，但其中一些說法往往不確切或使用物理學概念不當。

下面採用通俗（避開高等數學）的語言講解這類問題，一是糾正某些錯誤，二是引起大家的重視並作進一步的研究。

（1）力

使物體發生形變或改變物體運動狀態的一種機械作用，稱為力。物理學中常提到的力有摩擦力、彈力、重力、內應力、外應力等。人體運動是神經系統、肌肉系統、骨骼系統協同產生的外在機械力的結果，這是運動生物力學研究的範疇。力學中沒有勁的概念。我認為無論勞作或練習武術，人們所說的勁就是指人體發出的力，用以區別機械發出的力。

有位學生問我：「有人在一篇太極拳文章中稱他所發

出的力不是力量之力，是速度之力。什麼樣的力是速度之力？」為了解除對力的誤解，以下簡單地講解一下力及其有關的幾個物理量。

在物理學中，力定義為品質與加速度的乘積，用公式表示為：F=ma。其中F表示力，m表示品質，a表示加速度。

加速度不是速度而是速度對時間的變化率，這是機械力的定義。人體發出的力很難直接用這樣的公式表達，但其效果可以用相當的機械力來表達、來測度。

我們介紹一個稱為「急動度」的量。加速度對時間的變化率就是加加速度，稱加加速度為「急動度」。加加速度是運動物體所受的力隨時間改變而產生的。當人體受到的外力隨時間而增大時，就會產生一種讓人難以忍受的感覺，稱為「急動度效應」。

例如：汽車突然啟動時，乘車人的那種感受就是急動度效應。如果甲用雙手推乙，爆發力強大，使乙產生加加速度運動，乙就會有急動度反應。

（2）動量和沖量

太極拳交手有時產生碰撞現象，這種現象與動量和沖量兩個物理量有關。

動量的定義是品質與速度的乘積，公式為：P=mv。其中P表示動量，m表示品質，v表示速度。

沖量的定義為力與力的作用時間的乘積，公式為：I=ft。其中I表示沖量，f表示力，t表示力的作用時間。

動量對時間的變化率就是物體所受的外力，可見力、動量、沖量這3個物理量是有關的。

你出拳擊打對方，其效果與沖量的大小有關。可能有人認為速度快，力量就大。實際上，速度快是動量大，而非力量大。動量對時間的變化率才是力，也就是說動量對時間的變化率大，力才大。

有這樣一種太極現象，甲是一具有太極功夫的人，乙是練外家拳的人。用儀器測試，乙沖拳的力量略大於甲。甲和乙用同樣方式擊打丙的胸部，丙會覺得甲沖拳更有滲透力。這是為什麼呢？

我們先舉一勞作例子，雙手掄起一重錘擊打一石條，欲擊碎之。如果錘的柄是無彈性的金屬制的，效果差；如果錘的柄是具有彈性的白蠟杆，效果就好得多。

這是因為錘柄若有彈性，當錘受到石條的反作用力時會減緩這種反作用力，使得增大了擊打石條力的作用時間，也就是增大了沖量。

具有太極功夫的人，出拳時臂的彈性好，整身協調性好，尤其是陳式太極拳，沖拳時逆纏螺旋前進，增大了力的作用時間，增大了衝量。

（3）向心力和離心力

現在不少練太極拳的人稱向胸口收手的力為向心力，手從胸口向外開的力為離心力，並且誤認為這就是應用了力學。這種字面意義上的向心力和離心力，不是近代物理學中向心力、離心力的概念。

將物理學中的向心力、離心力簡單地敘述如下：牛頓運動學第一定律認為一個物體如果不受外力作用，那麼它將保持靜止或勻速直線運動不變。做曲線運動（包括圓周

運動）是物體改變了勻速直線運動狀態，這是因為它受到外力的作用，這種外力就稱為向心力。離心力是向心力的反作用力。

月球繞地球做圓周運動就是因為地球對月球的引力，這種引力就是向心力，其反作用力就是月球對地球的離心力。向心力、離心力是物理學中的基本概念，如果不恰當地隨意用在太極拳上容易引起誤解。

（4）力　偶

作用在同一剛體上，大小相等方向相反；且不在一條直線上的一對力稱為力偶。力偶的作用是使受力的剛體轉動。兩個力的作用點連線的距離稱為力偶臂。力偶的大小就是力乘力偶臂。如圖10－1所示，F和F!表示力，d表示力偶臂。

實際上，拳法中的許多摔法是符合力偶作用原理的，力偶值越大越容易將對方摔倒。為了增大力偶值，除去增大力量外，要儘量增長力偶臂。

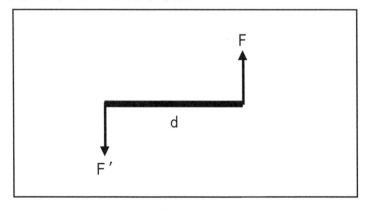

圖10－1

219

（5）重　心

萬有引力定律指出，兩個質點之間存在引力，引力的大小與兩質點的質量乘積成正比，與兩質點的距離平方成反比，方向是沿兩質點的連線。地球對物體的引力可看成是地球的質量集中在地球的中心點對該物體的引力，為簡便就稱為地心引力。地球上的物體受地心的引力也相當於該物體的質量集中到該物體的某點所受地心的引力，這一點就是該物體的重心。一個質量均勻分佈的有規則的幾何體，其重心就是其幾何中心。

人體是一個形狀複雜的有機體，而且運動過程中人體形狀在不斷變化，所以人體重心很難說固定在哪一點。人體重心所受地心引力方向指向地心，或者說垂直地面。

重心是近代力學概念，在早先（例如民國前）的太極拳文獻中沒有出現重心一詞。在當代太極拳文獻中，重心是經常被使用的概念。

關於重心的有些提法雖然可以理解，但不太確切，例如「重心移出體外」「失掉重心」等。在講解人體的穩定性時，為了方便，我們將從人體重心指向地心的直線與地面的交點稱為重心投影。重心位置隨體形的變化而移動，當兩腳著地時（盤步例外），兩腳腳尖連線、兩腳腳跟連線及兩腳腳底面外側圍成的四邊形構成了人體的支面。重心投影應在這個支面上。否則，人體就會傾倒。

如圖10－2示意，假定圖中四邊形 ABCD 為支面，傾斜線段表示人體中軸線，M 表示人體重心。當人體傾斜相同的角度，重心低時，重心投影在支面內，人體不會

傾倒，如（1）所示；重心高時，重心投影易落於支面之外，人體會傾倒，如（2）所示；當支面小時，重心投影易落於支面之外，人體會傾倒，如（3）所示。

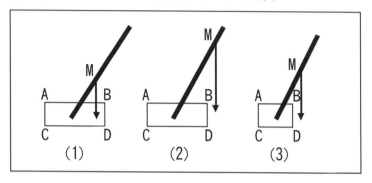

圖 10－2

為穩定，或儘量降低重心，例如下蹲；或增大支面，例如加大步幅。但這樣又不利於靈活地移動。為既穩定又移動靈活，就須在運動中正確地、不斷地改變體形和步法，這也就是太極拳中強調的「虛實轉換」問題。

所謂破壞對方的平衡，就是要迫使對方的重心投影移出其支面。就自身而言，「身法中正」有利於穩定。另一方面，人體的形變可以改變重心的位置。當身體受到外力時，為了不至於倒地，通常人們會前傾後仰或側歪，以保持重心投影在支面內，但是如果身體過於傾斜，由圖10－2可以看出，即使沒有倒地，重心投影也已處於支面邊沿，也就是幾乎要倒地。

在身體受到外力時，陳式太極拳轉體使身體呈螺旋形，能保持重心投影儘量接近支面的中心位置。例如：甲馬步站立，乙從甲正面推其胸部，如果甲後仰，則很容易

向後倒地；如果甲或左或右轉體，如向右轉體，左膝逆纏下沉，右膝順纏上提，眼看左側，軀幹中心線垂直地面，身體呈螺旋形，這樣既掤化了乙的推力，又不至於因為身體傾斜而使身體重心投影移出支面。

獨立步，例如右獨立步，支面就是右腳底下的地面部分，為了使重心投影落於支面，就必須調整身形，右肩向右側傾斜，或者右胯向右側凸。

有人講過這樣一個故事，在一次聚會上，孫式太極拳創始人孫祿堂先生給大家表演了一個絕技，將身體的一側，如右側（包括右腿外側），與垂直的牆面相貼，能將左腳提起，呈右獨立步。你相信嗎？不妨一試。

（6）氣場和電磁場

為什麼要講氣場、電場、磁場？經常有學生問我：「聽說有人練太極拳能練出強大的氣場、電場、磁場，並可用這三場打人。這樣的三場是怎麼練出來的？」物理學中的「場」是指物體之間發生作用的介質。地球周圍有引力場、磁力場，還有大氣形成的氣壓場。

武禹襄的「敷蓋對吞」講能用自己的氣蓋住對方，吞入對方。意思就是他周圍有一個強大的氣場。當代有的人講練出的氣場能打人，這種氣場是否存在既無理論依據，也無實驗資料，令人懷疑。物理學中不存在這種能打人的氣場，除非是大風可將人刮倒。

一個帶電體，不計它的質量和體積，只計它的帶電量，例如為Q，在其周圍任意給定的一點放一電荷q，他會受到一個力F的作用。位置不同，電荷大小不同，作用

力也不同。這樣的物理現象就說Q周圍有一個電場。電場只會對帶電體產生作用，對非帶電體是不起作用的。

一塊天然磁石對周圍鐵塊的吸引力就是磁力，也就是說磁石周圍有一個磁場。通電的導線對周圍運動的電荷也存在這樣的磁力，我們就說通電導線周圍有一個磁場。一個人在某些環境中體內可能存在靜電荷，或者存在電流。如果是這樣，那麼他周圍就會有電場或者磁場。人個體有差異，所形成的電場、磁場的強度就會有大小。

不排除這樣的可能，透過練某種功法可以增強自身周圍的電場強度、磁場強度，但是要注意到，電場力、磁場力只對電荷、運動的電荷起作用，對人體也可能產生某種生理作用，但要能強大到擊打人體的作用是不可能的。

（二）纏法功能解

前面本書介紹了為了培養纏絲勁的基本功，而這裡主要解析練習這些基本功的效果。

1. 套筒原理

身體的左右旋轉是以腰為軸，以雙腿的順逆纏法相配合而完成的。想像有一固定在地面且垂直地面的圓柱，外面套有一圓筒，如果從水平方向加在套筒上一力，只要不是正好指向圓柱中心，那麼圓筒就會轉動，將來力引向圓筒圓面的切線方向，如圖10－3所示。我們姑且將這種現象稱之為「套筒原理」。

當然，人體是有生命的有機體，在受到外力後其運動

極其複雜，尤其是陳式太極拳身體的左右旋轉，是將身體旋轉成螺旋形。套筒原理只是一個便於理解的簡單機械模型。

假定乙用雙手推按甲胸部（圖10－4），甲向右轉體，就可化解乙的來力且使乙向前傾倒（圖10－5），這就是套筒原理。一路拳第二式懶紮衣第1動其用法就符合套筒原理。人體的轉動要比一個機械套筒複雜得多，不像機械套筒那樣整個套筒轉向同一方向。常有這種情況，腰向右（左）轉時，頭向左（右）轉，使身體成螺旋形。

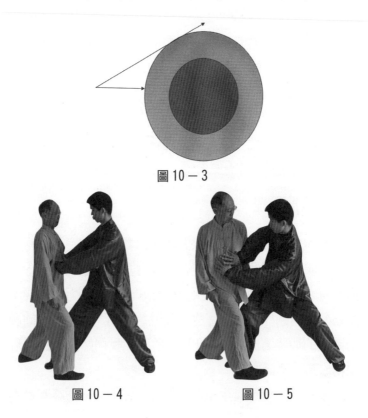

圖 10 － 3

圖 10 － 4　　　　　　圖 10 － 5

2. 旋輪線原理

假定我與對方手臂相接觸，利用手臂順逆纏法的自轉再加上手臂或收或放的公轉，可增大收放的距離。這可用旋輪線原理給以解釋，如圖10－6所示。

圖中設圓輪的半徑為r，圓輪在平面上向右方順時針滾動，當滾動一周時，將點M移動的軌跡弧線AB為旋輪線一拱，其長度為8r（高等數學中有證明）。這說明當我和對方手臂相接觸時，如果只是「公轉」，而無「自轉」（纏法），那麼我移動的距離和對方移動的距離是相同的；如果我手臂自轉加公轉，那麼我移動較小的距離就會迫使對方移動較大的距離。這裡還要說明一點，當我與對方手臂相接觸時，要黏住，不能滑動。

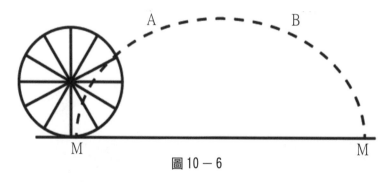

圖 10－6

3. 腿部纏法功能

在介紹步法時，本書已講到套法與襯法。當成順步襯步之勢時，可用順纏外挒法使對方倒地（圖10－7）。當成套步之勢時，可用順纏收腳（掃帶）使對方倒地（圖10－

8、圖10－9）；也可用逆纏收腳（勾帶）使對方倒地（圖10－10）。

這些腿法是否能成功，取決於腿部的纏絲勁。特別是勾帶法，腳踝要有良好的纏絲勁。盤步練習，對腿部和腳踝部的纏絲勁培育能起到很好的作用。

圖 10 － 7　　　　　　　圖 10 － 8

圖 10 － 9　　　　　　　圖 10 － 10

（三）形、意、氣解

形、意、氣是太極拳的三大要素。

1. 形

形是指動作、姿勢。有位從陳發科先生學過太極拳的前輩曾著文提到「陳（發科）老師常說練陳式太極拳，姿勢很重要，姿勢不正確練多少年也練不出陳式太極這種內勁」。可見一代太極拳宗師陳發科先生是重視形的。

洪師經常給我們講起，陳發科先生一再強調：「這套拳無一動作是空的，都是有用的著法。」《陳說》中講：「練拳時無人當有人，交手時有人若無人。」洪師也常說：「怎麼用就怎麼練。」這裡講的「著法」和「用」顯然指的是「形」。

洪師所傳授的陳式太極拳一路和二路是在陳發科先生所傳授套路的基礎上做了某些改動。套路中的每一式、每一動都有明確的攻防含義。洪師又將練拳時應該特別注意的地方，著重加以強調。

幾個要點是：放鬆慢練、走足纏法、身法中正、虛領頂勁、鬆肩沉肘、尾骨略後翻、襠要開圓、下塌外碾、肘不離肋、前發後踏、進步要柔、退步要剛等。

2. 意

人們在運動時，肢體是受神經系統支配的。所謂「意」，或者「意念」，也就是運動過程中大腦的思維活

動，也就是說運動中肢體的「形」是在「意」的指導下完成的。不只是太極拳，其他競技體育項目也是講究意念的，只不過太極拳比其他體育項目更加強調意念而已。

那麼練陳式太極拳怎樣用意？我認為練拳時，要時時想著那些要領，也要想著用的什麼招法，即「無人當有人」，這也就是「要按規矩」練。有人說練拳時，不要老想著招法，要練內勁。練內勁確實重要。兩人交手時，內勁比招法重要，你的內勁比不上對方，什麼招法也用不上。

洪師與人試手，一觸即將人發出的事例很多。這裡舉兩個例子。

1962年，一位練過其他拳術的學生為驗證洪師的功夫，到洪師住處，進門便突然用右拳向洪師進攻，洪師抬右手迎之，一觸對方右腕外側，便將對方發出丈餘。洪師八十多歲以後，腿有些不靈便，出門時常坐在輪椅上。

有一次，洪師坐在輪椅上由學生推著參加一個聚會，有一非常壯實的青年人熱情地和老師打招呼，並將雙手按於老師手背，說時遲，那時快，老師手一揚，這位年輕人便仰跌出去。

大家不要誤解，洪師這樣做不是想傷害這位年輕人，只是為聚會增添點歡樂氣氛。看來只要練就強大的內勁與人交手用不著什麼招法。問題是內勁是什麼？是如何練出來的？洪師認為陳式太極拳的內勁就是纏絲勁，而我認為練內勁主要還得靠練套路。練套路要著意於「鬆慢圓纏」，而「鬆慢圓纏」又是蘊含在套路招法中的。一個經

典的套路，其中的招法是一代一代人們經過不斷實踐、不斷改進的產物。

練拳時，時時留意將拳式做正確，既能培育良好的內勁，也能掌握熟練的招法。意念招法與練內勁並不矛盾，但不能用僵硬的拙力，「鬆慢圓纏」是首要的。

太極拳界有句名言「用意不用力」。練拳時用意不用力，就是要放鬆慢練，時時想著練拳要領，不用拙力。《陳說》中講：「每打一勢，緩緩運行，默默而止，唯以意思運行。」有人說在與人交手時，不用力，用意念打人。「意念」是大腦思維活動。交手時來不及用大腦思維，是一種本能反應。

練拳者與不練拳者本能反應是不同的。例如：甲是一位練拳有功夫的人，當有人拿刀向他砍來時，他會在躲閃的同時拿對方握刀的手腕；乙是沒有練過拳的人，遇到這種情形他的自然反應是用手去擋刀。

不練拳者的本能反應是「先天自然之能，非關學力而有所為」（引自《王論》）；練拳者的本能反應是練拳培養出來的。「練拳時無人當有人，交手時有人若無人」，就是講明這樣一個道理：練拳要用意，交手並無意。「遭著何處何處擊，我亦不知玄又玄」（引自《陳說》）。

3. 氣

太極拳中氣的概念有物質和精神的雙重性。人呼吸的氣是物質的。氣還有精神方面，例如「氣概」「氣勢」「浩然正氣」等。就氣的物質性而論，人的呼吸在通常情況下

是無意識的，也稱為自然呼吸。有時也可以有意識地做某些特別的呼吸方式，例如深呼吸、腹式呼吸（也稱逆式呼吸）。陳發科先生和洪均生老師都主張練拳採用自然呼吸。

　　精神意義的氣在太極拳中甚為重要。《陳說》中多次強調打太極拳要有浩然正氣，要威而不猛。我認為，打拳時在氣勢上要外柔內剛。在與人交手時，不光在形上，在氣勢上也要不丟不頂。無論自己練拳或者與人交手，都既不要氣勢洶洶，也不能萎靡不振。

十一、洪傳太極拳要點分析

多年來，在指導學生練陳式太極拳時，發現了幾個最易犯的錯誤。例如：練拳速度過快、手臂僵硬、肘部外撐、聳肩、尖襠等。為避免犯這類錯誤，介紹幾個練拳的要點，即鬆慢圓纏、下塌外碾、肘不離肋、襠要開圓、鬆肩沉肘、前發後塌等。

為什麼把這些作為練拳要點呢？下面將對這些練拳要點進行分析，以說明它們的重要性。

（一）鬆慢圓纏

「鬆慢圓」的練拳方法是太極拳與其他拳種的根本區別。為什麼要放鬆？鬆是太極拳的核心。所有體育項目在某些時候都要求放鬆，但沒有哪個項目像太極拳一樣強調放鬆，把放鬆放到第一位，把放鬆作為核心。

這裡將運動作如下的比喻：把人體分為幾個部分，腦是司令，神經是通信員，肌肉、筋腱、骨骼是三軍將士。許多搏擊術強調的是練肌肉、筋腱、骨骼，例如透過踢打沙袋來增強肌肉的力量、用木棍擊打身體來增強抗擊打能力等。太極拳放鬆練拳比起繃緊肌肉用力加速的練法更有利於培育人體各部分的協調能力及身體對外界的敏感反

231

應,《王論》中講的「一羽不能加,蠅蟲不能落」就是形容身體對外界的敏感反應。

所謂全身協調,就是神經反應敏感,大腦指揮準確,各部位肌肉、肌腱協調一致。人體的肌肉有600多塊,如果身體僵硬,不能協調一致,就產生內耗。例如「掩手肱捶」一式,左弓步的右腳蹬地的力量,腰左轉的力量,肩部、臂部的力量要整合到一起傳到拳面。就技擊中的防守而論,太極拳強調的不是抗擊打能力,而是黏住對方,控制住對方,使對方難以發力。也就是說,強調的是「化」,而不是「抗」。

放鬆的練拳方法也能練得筋腱富有彈性,柔中有剛,特別是陳式太極拳拳法強調纏絲勁、纏法,更有利於筋腱的鍛鍊。我們經常做這方面的試驗,有一定太極功夫的人,用手腕或者肘彎或者腋部夾住對方的手臂,若對方只是有力但並非有太極功夫的人,那麼他只憑拙力是不容易掙脫的。

為什麼要慢練?一是慢練有利於把動作做正確,把動作做到位。二是慢練有利於放鬆。《陳說》中在描述「攬擦衣」一式時講:「向右徐徐而發,越慢越好。」不像有人認為的陳式太極拳特點是快。

練拳講「圓」,主要是指手臂運行的路線多是弧線。手臂弧線運行有利於放鬆。從技擊方面講,手臂弧線運行可避免頂勁。另外,就人體的中下盤而論,也有「圓」的問題。例如練拳特別強調「襠要開圓」。

從技法講,太極拳強調以柔克剛,強調不丟不頂,

這就是練拳強調手臂走弧線、行拳要圓轉的原因（關於「纏」的意義，前面已經做過介紹）。

（二）下塌外碾

有位太極拳界權威人士在濟南做報告，多次提到與洪師交往印象最深的就是洪師拳法中下塌外碾的著法。

捌法的前手要用下塌外碾的著法，使用的是纏法和纏絲勁。以右捌法為例，左手拿對方左手腕順纏，右手掌根節或前臂搭在對方肘關節處，左手加大順纏使對方肘關節翻轉向上，右手先逆纏後順纏走下前弧線，這就是下塌外碾的手法。運用下塌外碾的捌法極易傷及對方肘關節，拳友之間試驗要點到為止。

将法也用下塌外碾的手法。如何化解對方如擰毛巾一樣的将法？例如：左臂被将，被将之左前臂及手部加大逆纏，上臂部順纏，如同被擰的毛巾，左手逆纏時用手指點擊對方腰部可使對方倒地。這樣化解的難度就在於手部逆纏而上臂順纏。很多人都見過洪師運用這樣的化解将法，但很少有人能做得那樣完美。

我認為所謂手部逆纏、上臂部順纏，是在外力作用下形成的。如果沒有外力，任何人是做不到的，但即使在外力作用下，你放鬆得不夠、纏絲勁功夫不深也做不到。所以，歸根到底還是鬆和纏絲勁的功力問題。

（三）肘不離肋

洪師非常重視肘不離肋這一要點。例如《實用拳法》

中詳解一路拳時至少有19處提到肘不離肋、肘要貼肋。

這裡說肘不離肋、肘要貼肋，並不是說所有動作都肘不離肋，而是告誡練拳者許多應當肘不離肋的地方最易犯錯，要特別注意。有人說，強調肘不離肋，會造成兩臂夾緊的毛病。肘不離肋不是要兩臂夾緊，而是如《陳說》中提到的「兩臂像掛在肩上一樣」，是放鬆地不離肋。

下面舉例說明肘不離肋的重要性。一路拳第十三式右轉身金剛搗碓第2動轉第3動時，先收右肘貼肋，然後右手經頷下以手領肘向右前斜角轉出（右手採法）。如不沉肘貼肋，就會出現頂勁。有人說像這樣的動作，肘貼肋容易被對方發勁擊打肋部。恰恰相反，如果肘離開肋，更易遭到擊打。例如你將右臂橫在右側，肘離開肋部，對方雙手按在你前臂外側發力，如果此時你收肘，你的肋部就會遭到撞擊；如果此時你硬撐肘，你就會被發出去。如果肘不離肋，當對方發力時，你的臂和軀幹成為一體，會很自然地轉體化解。

再舉用步槍射擊的例子來說明同樣的道理。當用步槍射擊時，槍托一定要抵住肩部。這樣當槍托後坐時，你的肩部會與槍托同時後退化解槍托的後坐力。射擊時若槍托離開肩部，就會遭到槍托的撞擊。

（四）襠要開圓

有人問：「怎樣才算襠開圓？怎樣才能襠開圓？為什麼要襠開圓？」怎樣才算襠開圓？做個形象的比喻，在站立馬步時襠部就如同馬鞍的形狀，相反就是所謂的「人」

字形襠。要將襠部開圓，大腿根內側的大筋要鬆，尾骨略後翻也是襠部開圓的必要條件，但是決不能膝蓋外翻。不只是馬步，就是弓步、虛步也要求襠開圓。洪師練拳時特別重視襠部開圓，其實這也是傳統陳式太極拳的要求。

《陳說》所繪製的拳式圖，如「攬擦衣」的右弓步、「肘底看拳」的左虛步、「掩手捶」的左弓步、「抱頭推山」的馬步等類似的步型，都不厭其煩地注明「襠要開圓」。如何練呢？

太極拳一般不主張硬拉大腿根內側大筋的訓練方法，只要求在打拳時有襠開圓的意念。《陳說》講：「兩大腿根要開。開不在大小，即一絲之微亦算得開。蓋心意一開，襠即開矣。不會開襠者腿雖岔三尺寬，不開仍然不開。」襠開圓有利於穩定，也有利於動作的轉換。

（五）鬆肩沉肘

《陳說》中許多拳式圖都注有類似於「鬆肩」的文字，如「肩壓下，不可上翻」「前肩後肩塌下」「肩沉下，勿上架」和「肩要鬆下」等。

鬆是太極拳的核心。練拳時要整身放鬆，其中肩部的放鬆尤其重要。常聽有人說：「和老師試手，總覺得老師手長。」甲、乙交手時，乙總覺得甲的手長，重要的原因之一就是甲的肩部比乙放鬆得好，當然還有一個整身協調配合的問題。

沉肘有利於臂部和肩部的放鬆。如果肘部外撐，上臂和肩自然僵硬。另外，沉肘也能起到對肋部的保護作用。

正是因為沉肘的重要性，陳鑫在其著作《陳式太極拳圖說》中的許多拳式都不厭其煩地注明要沉肘。

（六）前發後塌

有許多拳式，手側向發勁，這時襠勁要塌下，後腿膝部要下垂。例如六封四閉和雙推手的最後一動，雙手向右側發勁，雖用的是左後虛步，腳跟提起，但腳尖點地要有力，膝部要下垂，當然還要有整身的協調配合。又如以上兩式，雙手前推發力時要向右轉體，襠要開圓。再如一路拳第二十六式進步掩手肱捶，發右拳，右腳在前，左腳在後，左腿要弓膝塌勁。

之所以將「前發後塌」作為要點，是因為練拳時容易犯錯，例如六封四閉右側雙按時，易犯身體向右側前傾，後面的左腳全虛（拔根）的錯誤。單鞭的最後一動是左弓步左手前推，攬紮衣最後一動是右弓步右手前推。即是這樣的拳式，襠勁也要踏好，身體不能前傾，後腳不能「拔根」。

十二、陳式太極拳拳法特點

　　太極拳的行拳特點是「鬆慢圓」，離開了「鬆慢圓」，就非太極拳。太極拳各門派又各有自己的特點。那麼陳式太極拳的特點是什麼呢？所謂陳式太極拳的特點，是與其他門派太極拳相比較而論的。陳式太極拳特點就是陳鑫先生所說的「太極拳，纏法也。」《陳說》中關於纏法的論述，以上已經介紹。

　　下面主要介紹洪均生老師對某些所謂的陳式太極拳特點的評論。

　　1.有人將行拳時動作「快慢相間」作為陳式太極拳的一大特點。洪師認為快慢相間應是整套的練法，可整套快，也可整套慢，但不應是一個式子中的動作忽快忽慢。這裡需要解釋一下，我們一直強調慢練，怎麼又說「可整套快」呢？快與慢是相對的，不同的人或同一人在不同的時間，打拳也會有時快些、有時慢些。

　　不少人認為，陳式太極拳與其他門派的區別就是快和發勁。洪師認為，陳式太極拳理論是以陰陽互動學說為依據；其動作以矛盾對立統一為法則；其正確與否是用纏法為尺規，而不是只外形的快和發勁來表現陳式與他式的區別。陳式太極拳某些拳式，例如掩手肱捶，確實有加速發

勁的動作，意欲培育爆發力，但不要忘記，太極拳與其他拳種相比較，在練法上的根本區別在於太極拳強調「鬆慢圓」。

我認為練陳式太極拳相對快些或帶有發勁的動作不是不可以，但如果將其作為特點，會引導人們追求快和發勁，而脫離了太極拳「鬆慢圓」的軌道。

2.洪師對「鬆活彈抖」「彈抖勁」等提法，也有不同見解。洪師曾講：「如今練太極拳者，多講彈抖勁，其實太極動作處，都相當於機器大小輪子配合旋轉，發勁是加快速度，絕非彈抖。」這也就是《王論》中的「立如平準，活似車輪」之說。

可能有人認為在發勁時既放鬆又加速，形似彈簧，所以稱為「鬆活彈抖」。即使這樣，為了能發出「彈抖勁」，練拳時故意地抖動，就有點畫蛇添足了。

洪師曾提到過「崩炸勁」。即使打拳時不加速發勁、不彈抖，只要「鬆慢圓纏」，也能練出這種「崩炸勁」。《陳說》中講：「每打一勢，輕輕運行，默默停止，惟以意思運行。」看來並不是提倡「快慢相間」和「彈抖」。

3.有文章提到「殊不知凡屬內家拳的途徑均是由剛入柔再入化」。洪師認為：「陳式太極由柔而剛，不是由剛入柔。」有文章寫道：「頭趟動作……柔多剛少。二趟動作……剛多柔少。」洪師評論道：「一路（頭趟）拳柔多剛少，二路（二趟）拳剛多柔少，違反剛柔相濟的原則。」「如陳鑫說的『互陰互陽』，不是『多少』。」

4.洪師也不同意「虛實分清」的提法。《王論》中

講：「黏即是走，走即是黏，陽不離陰，陰不離陽。陰陽相濟，方為懂勁。」虛實應符合陰陽對立統一規律。

5.洪師對「一身備五弓」的看法是：「太極有『一身備五弓』的句子，但只能形容勁的蓄發。太極拳動作如機器輪旋轉，拳譜以車軸、車輪作比方是正確的。弓只能對拉，『一身備五弓』不合太極運動。」

假定有人推我胸部，我向左或向右側轉，而身體的中心軸垂直地面不變，眼看對方，身體呈螺旋形，既化了對方的來力，將其引進落空，同時又給對方一種向側後的力。這就是以上闡述的「套筒原理」。

如「二起腳」第1動的倒後掤法，這一類動作是對方從右後側推我右肩和右上臂，我向左轉體，眼向右後看，使身體成螺旋形，也就是「收中有放」。如果身向左轉而眼也向左看，就易被推向左方。對於有人推胸部的情況，有的太極拳門派是先向後仰身化，再前弓身發，確如「蓄勢如開弓，發勁如放箭」之狀，這就將收放分開。圖12－1為洪均生老師手跡。

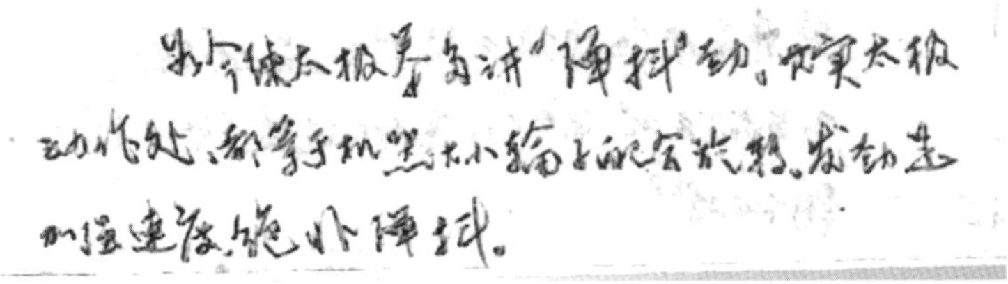
現今陳太极拳多講"纏絲勁"，其實太极動作處，都等于机器大小輪子配合旋轉。發勁是加強速度，絕非纏絲。

圖12－1 洪老師的手跡影印件

十三、陳式太極拳技擊與健身

　　現代大多數人學練太極拳的目是修身養性、強身健體，還有一部分人希望學練防身自衛功法，也有部分人是準備參加競技推手比賽。要達到這樣的目標，主要靠練太極拳套路及兩人推手。

　　下面將圍繞陳式太極拳的技擊與健身問題進行闡述。

（一）太極拳的技擊意義

　　技擊方法是武術的基本內容，套路格鬥功法是武術的主要運動形式，練套路是獲取技擊功夫的主要途徑之一。太極拳也不例外。

　　所有的搏擊項目都離不開「踢、打、摔、拿」這四種擊法。「踢、打、摔、拿」是人類的本能。武術中的「踢、打、摔、拿」是人們在搏擊實踐中總結出來的技巧，體現在許多「招法」中。中國傳統武術套路都是由許多攻防招法組成的，太極拳也是如此，但太極拳套路有獨到之處，即招法中體現為「掤、捋、擠、按、採、挒、肘、靠」，稱為八法。太極拳套路與其他武術套路一樣，每一式是由幾個動作組成的，動作之間攻防連貫，式與式之間也大都攻防連貫。就中國傳統武術而言，除演練套路

240

外，大都透過一些如站樁、打沙袋（過去是打釘在牆上的火紙）、抖大杆等單項練習及兩人對練（太極拳是兩人推手）來獲取技擊功夫。

從陳式太極拳的套路看，目前有幾種流派，且有新、老、大、小架之分。有人說這個人練得好，有人說那個人練的不對；有人說老架好，有人說新架好；有人說大架好，有人說小架好。

我認為評價陳式太極拳套路主要有兩個標準，一是是否體現出纏絲勁和纏法；二是每一動作的技擊含義是否清楚，且動作之間是否攻防連貫。

太極拳主要透過演練套路（俗稱「打太極拳」）來培育內勁和掌握招法。《陳說》中講：「拳打萬遍，神理自現。」相對於透過踢打沙袋、舉重等力量型訓練練出強大的力量，太極拳要透過放鬆慢練套路練出較好的內勁需要更長的時間，所以有「太極十年不出門」之說。

有些人練了一段時間太極拳後，急於和別人試手，覺得不行，就去採用踢打沙袋、舉重等力量型訓練，或兼練另外的拳術。洪師認為這是「捨近求遠」。要在較短時間內就能練成具有強大殺傷力的格鬥術，練太極拳確實不是好的選擇，但如果你本來身體瘦弱或年齡偏大，就是練上幾年的拳擊，也未必「出得了門」，而這種類型的人練太極拳可能是更好的選擇。

當然，練太極拳還是那些年輕強壯者能更快地練出功夫，但另一面，練太極拳者，功夫長進較慢，其功夫消退的亦緩。一般來講，練就太極功夫者，即便到了老年，

其身上功夫較練其他拳術者尚能多存不衰。《王論》所講「觀耄耋能禦眾之形，快何能為」，正能說明這個問題。

太極拳訓練技擊方法的出發點是「以弱勝強」；其拳法是「以靜制動」「以柔克剛」。為此，演練太極拳套路時要求「鬆慢圓」。而陳式太極拳又特別強調纏絲勁和纏法，所以演練時要走足纏法。

這種強調「鬆慢圓纏」的練法，能練得身體各部位對外力非常敏感，即所謂能「聽」、能「化」；透過放鬆慢練可以練出雄渾的「發放」長勁及一觸即發的「崩炸」勁。在與對方交手時，太極拳主張「以柔克剛」，這就須「沾連黏隨」，和對方形成一體，使自己能用「聽勁」「化勁」的功夫控制對方，使其不宜發出勁來。

（二）太極拳的技擊特點

《陳說》中講：「腳踢拳打下乘拳，妙手無處不渾然，任他四面皆是敵，此身一動悉顛連，我身無處非太極，無心成化如珠圓，遭著何處何處擊，我亦不知玄又玄。」這段話最能體現出陳式太極拳的技擊特點。

太極拳練拳時動作很慢，這是為了培育內勁。有人說交手時是「以慢制快」，這是不正確的。太極拳主張「以靜制動」，實際上「以靜制動」也就是隨對方動而動，不是「以慢制快」，當然也不是「以快制慢」，而是「動急則急應，運緩則緩隨」（《王論》）。

有人對《王論》理解不深，認為《王論》講的都是空話，並舉例說「黏即是走，走即是黏，陰不離陽，陽

不離陰」是自相矛盾。恰恰相反，陰、陽是矛盾的兩個方面，是同時存在的、對立而統一的。太極拳中將「虛實」「剛柔」「收放」等都以「陰陽」來解釋。例如說「剛中有柔，柔中有剛」，也就是「陰不離陽，陽不離陰」。再說「走」和「黏」的問題，這裡把「走」視為「陰」，把「黏」視為「陽」。

《王論》講：「人剛我柔謂之走，我順人背謂之黏。」走是化的意思，即對方以剛勁來進攻，我以柔勁來走化。走化的同時已形成「我順人背」之勢，產生一種「黏」勁。洪派弟子中常說「收即是放」這句話，也就是這個意思。

例如：在用左捋法時，左轉體，左手握對方左手腕貼身順纏，右臂搭在對方左臂上外側順纏，在對方肘關節處內收，而手掌部外開，這就形成螺旋形，像擰毛巾似的。

太極拳與人交手強調的是「沾連黏隨」。既然強調「沾連黏隨」，就不能提倡「閃展騰挪」（不是完全拒絕）。洪傳陳式太極拳套路中的每一動都是設想和對方相接觸情況下而運行的。例如掩手肱捶，是左手拿對方左手腕引進，右拳前發；特別是下盤的腳法，或蹬或踢或踹，都是在上盤控制住對方的情況下運行的。

要能沾連黏隨，必須用柔勁。我請你來做這樣一個試驗：將一個足球放在地平面，你用一隻腳踏在足球上面，你若用力向下踏（剛勁），球就會轉動使你滑倒。你若用柔勁向下踏，當球稍有轉動時，你就會自然地隨之而動而化解球的轉動，動作很小，球並沒離地方。這也就是沾連

黏隨。

將太極拳和中國其他傳統武術作比較，特別是和現在的散打、拳擊、跆拳道等作比較，不少人認為太極拳不適宜技擊。從技擊角度去比較不同的拳種，是一個很複雜的問題，這涉及到運用的場合和要達到的目的。現在，人們最常見的是競技場上的比賽及朋友之間的切磋，敵對間的生死搏鬥是很難見到的。

競技場上的比賽，有規則限制，參賽者必須根據規則去練、去用；朋友之間的切磋也會有默契或言明的條件。你讓一個練中國傳統摔跤的人戴上手套去參加拳擊比賽，肯定不行；你若讓一個練拳擊的人去對付持匕首的歹徒，他也許不如一個練擒拿的人。

遇到生死搏鬥的情況，從道理上講，太極拳也可有所作為。《陳說》中有七言俚語曰：「上打咽喉下打陰，中間兩肋並當心，下部兩臁合兩膝，腦後一掌要真魂。」如套路中的「猿猴獻果」是擊咽喉的動作；「二起腳」「指襠捶」「擊地捶」（原名「神仙一把抓」）等式中就有踢襠、擊襠、抓襠的動作。不過，隨著社會的發展，人們對太極拳的理解和實踐也在演變著。

現在練太極拳者，其目的主要有三：一是健身，這是主要的；二是練一些防身的能力；三是參加競技場上的推手比賽。

不像早年間，如太極世家陳氏，有的人要從軍打仗，有的人做鏢師，他們必須從生死搏鬥的實戰要求出發去練拳。現在幾乎沒有人把練拳的目標定在生死搏鬥上，即使

實戰性很強的散打，也不允許那些踢襠、戳眼、擊打後腦等會造成極大傷害的招法。

現在的太極拳界，人們在試手時大都以「服人而不傷人」作為最高境界，不提倡「爭勇鬥狠」。

《王論》中講：「人不知我，我獨知人。」《陳說》中講：「得勢爭來脈，出奇在轉關。」對方以快速剛猛之力擊來，我以柔勁將其引進落空，使其就像走在路上不知道前面有一凹坑，邁步踏下去的那種感覺。陳鑫所著《太極拳經譜》中有句：「只覺如風，摧倒跌翻，絕妙靈境，難以言傳。」也是描述被用太極功夫或借勁或截勁擊倒時的感受。這裡順便說一下，《太極拳經譜》原文中沒有標點，除一句「人莫知其所以言」外，皆用四字句。現在不少太極拳著作或文章引用這段文字時標點點錯，寫成「只覺如風摧倒，跌翻絕妙，靈境難以言傳」。

（三）太極推手

推手是在練了一段時間的拳架後，對太極拳的招法有了初步體會的基礎上兩人對練的形式。和拳架類似，社會上流傳有多種形式的推手套路。例如左（右）單推手、雙推手，各又有定步、活步之分。雙推手又有所謂「四正手」「四隅手」「大捋」「亂踩花」等。因為各種不同流派對太極拳招法、內勁理解和實踐有差異，推手套路也不盡相同。

推手的目的是培養和檢驗自己的太極功夫，不用僵勁，不要頂抗。與朋友推手，自己應當隨時注意不用僵勁

頂抗，但當對方使用僵勁頂抗時，不必埋怨對方。在這種情況下，如果你獲勝，說明練功有成績；如果你不勝，說明功夫還不足，還不能以柔克剛。作為平等的推手雙方，一方不勝時，常埋怨對方使用頂勁，似乎不妥。作為教師可及時指出學生的錯誤。

經驗表明，兩人推手時，功夫差的一方易表現出僵勁、頂勁，這不是有意的，而是在接到對方來勁時的一種本能反應。

以上所說的推手，是按照一定的套路進行的，而競技性推手比賽，則是在一定的規則要求下自由進行的，推手比賽是比試太極功夫高低的競技體育項目。

下面介紹幾種常練的推手套路。

1. 定步單推手

以右單推手為例。甲乙兩人相對站立，同出右步成合步，同出右手手背相掤。甲左轉體，右手逆纏按乙手；乙右轉體，右手順纏引掤。乙將甲手引至胸右側，接著左轉體，右手變逆纏按甲右手；甲右轉體，右手順纏引掤。如此循環往復。兩人都走平旋圈。左單推手與右單推手左右對稱。這種平旋圈單推手，可以培養手背的掤勁、黏勁及手小指一側的擠勁。

2. 活步單推手

在定步單推手的基礎上，可練習活步單推手。以右手活步單推手為例。甲乙兩人可先進行定步單推手，然後引

掤的一方，例如乙邊引掤邊退步；另一方甲隨著進步。退步步數可隨意，一般為三四步；進步的步數和對方退步的步數一樣。接著甲退乙進，循環往復。

3. 定步雙推手

注：下面圖中穿淺色衣者為甲，深色衣者為乙。

①甲左腿套乙右腿，甲左側馬步，乙右側馬步，甲右手拿乙右腕，左前臂在乙右臂外上側，兩人左手手背相掤。（圖13－1）

②甲右轉身，右腿屈膝下塌成左半仆步，右手逆纏引乙右手腕向右上斜角旋轉，高不過眼，左手順纏向胸口方向內收肘；乙左轉體，右腿弓膝，右手順纏掤甲右手，左手順纏掤甲左手。（圖13－2）

這是甲右雙採法，乙順纏掤法。

圖13－1　　　　　　圖13－2

③甲左轉成左側馬步，左手逆纏擠乙左腕，右手順纏以掌按乙左肘關節外側；乙右轉體，右手逆纏擠甲腹部，

247

左肘鬆沉，左手順纏掤甲之左手，手指指向乙的胸前。（圖13-3）

這是甲左擠右按法，乙右擠左掤法。

④乙右轉體，左手拿甲左腕，右手由逆纏變順纏繞轉到甲左上臂外側上掤甲左肘。（圖13-4）

圖13-3　　　　圖13-4

⑤乙左轉體，左腿弓膝塌勁，右腿下鋪，右手順纏向左前下收肘，左手順纏拿甲左腕轉向腹部左側；甲右手順纏，手背掤乙之右手，左手逆纏向左下轉。（圖13-5）

這是乙左捋法，甲左肩靠法及左擠法。

⑥乙右轉體，雙手按甲右臂；甲左轉體，左手逆纏擠乙腹

圖13-5

圖 13－6　　　　　圖 13－7

部，右手順纏以手背掤乙右手。（圖 13－6）

　　⑦甲左手逆纏繞轉到乙右臂外側，右手拿甲右腕（圖 13－7）。接著右轉體變左半仆步，雙手走右雙採法，參見圖 13－2 所示。

　　②～⑦動完成一個循環，其中的主要動作是甲走右雙採法，乙走左捋法，其中還包括掤法、擠法、按法、靠法。

4. 活步雙推手

　　在定步推手的基礎上，進一步練習活步推手。當在定步推手進行到第 5 動時，如圖 13－5 所示，乙右轉身，後撤右腳，同時右手逆纏拿甲右手腕走右採法；甲左轉身，進右腳襯乙之左腿，乙左前臂搭到甲右臂外側。此時兩人其勢如同圖 13－1，不過甲乙兩人更換了角色。接下來，順勢運行上述②～⑦的動作，如此反覆。

（四）擒拿法及其化解和摔法應用詳解

太極拳是武術的重要一支，和其他武術門派一樣，其拳法離不開「踢、打、摔、拿」。這裡主要介紹一些擒拿法和摔法的例子。陳式太極拳套路中包含了許多擒拿法和摔法，和其他拳術相比較，因為陳式太極拳強調纏絲勁和纏法，使得這些擒拿法和摔法更具特色。

以下將套路中的某些擒拿法和摔法加以提煉，以兩人對練的形式展現出來。拳友之間對練，既是一種培養太極功夫的途徑，也是一種可增加學練太極拳興趣的娛樂活動。

1. 擒拿法及其化解

（1）金絲纏腕及化解

①金絲纏腕是一種反拿法。以右手為例。假定乙右手抓握甲右手腕，甲用左手按在乙手背上，右轉體，右手順纏扣拿乙手腕（圖13－8）。

這種拿法也可簡稱為右纏拿。

②從金絲纏腕開始，講解甲乙兩人連續攻防轉換。假定甲右纏拿乙右腕，乙右轉體，右手逆纏走採法，當乙用採法化解甲纏拿時，甲進右步用野馬分鬃式的擠法、靠法（圖13－9、圖13－

圖13－8

10）；乙為化解甲擠法、
靠法，右手順纏擰轉按甲
之右手腕（圖13－11）；
甲用翻花舞袖式右下採並
左勾帶，使乙失重倒地。
（圖13－12、圖13－13）

圖13－9

圖13－10

圖13－11

圖13－12

圖13－13

（2）內側十字折臂拿法及化解法

以右內側十字折臂拿法為例。甲乙右前步合步右手相
掤。乙使用內側十字折臂拿法：甲右手推按乙右腕；乙右
手順纏收掤，左手拿甲右腕，右臂插到甲右臂下側，左手
拿甲右腕先向右上轉，再向下轉，右手向下內扣甲左前臂
（圖13-14）。

為化解乙的拿法，甲被拿之右手順纏向右外引掤，左
手擠乙頸部。（圖13-15）

圖 13 - 14

圖 13 - 15

（3）扣腕折臂及化解

①甲右手拿乙右腕，用
右手從乙右臂內側拿其腕順
纏內扣，左手掌按乙右肘，
雙手用逆向勁（圖13-16、
圖13-17），此拿法稱為扣
腕折臂。

圖 13 - 16

圖 13－17

圖 13－18

②乙用扣腕折臂拿法（圖13－18）。為化解乙的拿法，甲左手拿乙右前臂前部順纏，右臂順纏從乙右臂上側繞轉乙右臂外側，雙手拇指扣壓乙右手背向左下捋帶，使其失重倒地。（圖13－19、圖13－20）

圖 13－19

圖 13－20

（4）雙拇指扣壓手背及化解

乙雙手拇指扣壓甲右手背（圖13-21）。甲右手順纏扣腕向右肩前側收轉（圖13-22），進左腳套乙右腿，左手逆纏走外上左弧線變順纏、走外左下弧線擠乙胸部，右手按乙腹部（圖13-23、圖13-24）。甲所用技法即是套路中的小擒打式。

圖 13－21　　　　　　　　圖 13－22

圖 13－23　　　　　　　　圖 13－24

（5）挎籃式拿法及化解

①以拿對方左臂為例（參考一路拳第十八式雙推手）。甲左手拿乙左腕內側逆纏使乙左腕內側朝上，右臂從下抱纏乙左臂（圖13－25）；繼而甲左手向下用力，右臂順纏，右肘向上、向左收轉，手部轉向右肩前側成反關節折臂之勢（圖13－26）。此法稱為右挎籃式拿法。

圖13－25

圖13－26

②假定乙對甲用右挎籃式拿法（圖13－27）。為化解乙的拿法，甲左轉體，左臂逆纏屈肘向上引乙左手，襠勁下塌，雙手按乙胸腹部。（圖13－28）

圖13－27

圖13－28

（6）腋部夾手折腕

以折左腕為例。乙右手拿甲右腕順纏向內擰轉，左手上托甲之右肘（圖13─29）；甲右轉，右臂上舉，左手按於乙左手背處沿自己右上臂滑向腋部（圖13─30）；甲左轉，下塌襠勁成馬步，右臂逆纏下落至右胯外側，夾捌乙之左手。（圖13─31）

圖13─29

圖13─30

圖13─31

（7）拷肩折臂及化解

①甲出右拳擊乙，乙左手逆纏拿甲右手腕內側（圖13－32）；甲右手順纏屈腕收至胸右側（夾乙左手腕引進），左手拿乙左手腕（圖13－33）；甲左手拿乙左手腕順纏外翻，右臂夾其左臂（圖13－34），雙手扣壓乙左肩並折其左臂。（圖13－35）

圖13－32　　　　　　圖13－33

圖13－34　　　　　　圖13－35

②假定乙使用挎肩折臂法折甲左臂且右腿襯甲左腿（圖13－36、圖13－37），甲使用搬腿摔法化解。（圖13－38）

③假定乙使用挎肩折臂法折甲左臂且右腿套甲左腿（圖13－39、圖13－40），甲使用左腿崩彈法化解。（圖13－41）

圖 13 － 36　　　　　　　圖 13 － 37

圖 13 － 38　　　　　　　圖 13 － 39

圖 13－40   圖 13－41

（8）抓衣化解

①乙右手抓甲胸前衣服並順纏屈肘回帶（圖13－42）。為化解乙之拿法，甲右手按乙右手，左前臂搭在乙右臂上側並走反旋圈第三段，即順纏向右收肘。（圖13－43）

②乙右手抓甲胸前衣服並順纏前推（圖13－44）。為

圖 13－42

圖 13－43

化解乙之拿法，甲右手握乙右腕，左手從乙右臂下方順纏托肘（圖13－45），撤右腳右轉體用左肩抗擊乙右肘。（圖13－46）

（9）手指交叉型雙擰手

①甲乙雙手手指交叉相握（圖13－47），甲雙手順纏

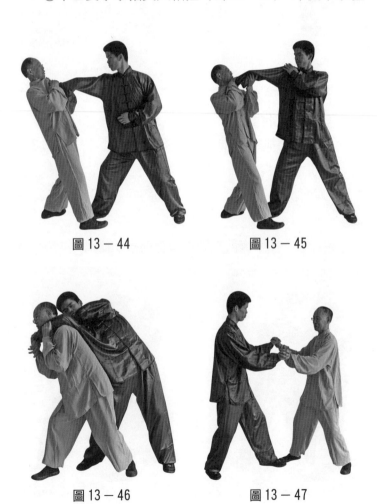

圖13－44　　　　　　　圖13－45

圖13－46　　　　　　　圖13－47

折乙手指並上托。(圖13-48)

②假定乙雙手順纏折甲手指並上托(圖13-49)。甲用高探馬式化解:右手順纏,右肘走上左弧線繞到乙右臂外側(圖13-50、圖13-51),右臂逆纏走下右弧線繞到乙胸前,左手按乙後腰,右手推其胸部。(圖13-52)

圖13-48　　　　　　　　圖13-49

圖13-50　　　　　　　　圖13-51

2. 摔 法

圖 13－52

陳式太極拳式中有很多種摔法，這裡所要講的幾種摔法，更確切地說是破壞對方平衡而使其倒地的方法。強調用纏絲勁、用纏法，用儘量小的力迫使對方倒地，要充分體現太極拳「四兩撥千斤」的理念。

（1）襯步外掤

甲左腿襯乙右腿，雙手相掤（圖13－53）；甲左腿順纏外掤，腳尖外擺，膝部向外、向下轉，使乙倒地。（圖13－54）

圖 13－53

圖 13－54

（2）套步掃帶

乙右腿襯甲左腿內側，則甲成左腿套乙右腿之勢，雙手相掤，乙左腿順纏外掤，欲迫使甲倒地（圖13－55）；甲左腿順纏，腳尖外擺，腳跟內收，迫使乙倒地。（圖13－56）

圖13－55

（3）後崩彈（徑攔直入勢）

甲以右腿襯乙右腿後側（圖13－57），甲右腿向後崩彈，迫使乙向後倒地。（圖13－58）

圖13－56

圖13－57

圖13－58

（4）高探馬勢

甲乙左前步合步，雙手相掤（圖13－59）。甲用右手順纏向裡、向左、向下引乙左臂（圖13－60），進右步套乙之左腿左後側，右手轉向乙身後，手心貼在乙後腰部，左臂逆纏向前、向下壓乙胸及頸部，迫使乙後仰倒地。（圖13－61、圖13－62）

圖13－59

圖13－60

圖13－61

圖13－62

（5）閃通背勢

①乙進右步出右拳擊甲；甲右腳在前，右手逆纏拿乙右手腕，左手順纏托乙右肘（圖13－63），右轉體，進左步襯乙右腿內側，用左肩抗乙右臂（圖13－64），右轉體將乙摔倒。（圖13－65）

②甲乙左前步合步，雙手相掤（圖13－66）。甲右轉體，向左前出左腳襯乙左腿外側，右手順纏拿乙左手腕，

圖 13 － 63

圖 13 － 64

圖 13 － 65

圖 13 － 66

左肩靠到乙左腋下（圖13－67），右轉體將乙摔倒。（圖
13－68）

（6）倒騎驢勢（搬腿摔）

甲乙左前步合步，雙手左側相掤（圖13－69）。乙雙
手按甲左臂；甲左轉換步成馬步，右腿套乙左腿，雙手腹
前交叉（圖13－70），右轉體，右臂由逆纏變順纏擠乙頸

圖13－67　　　　　圖13－68

圖13－69　　　　　圖13－70

部，左手由順纏變逆纏搬乙左腿。（圖13-71～圖13-73）

（7）穿襠靠

甲乙左前步合步，雙手相掤（圖13-74）。甲右轉體出左腳成左側馬步，左手逆纏向前左下插，左臂和左肩靠擊乙襠部和腹部（圖13-75），左手順纏向左後摟乙右腿

圖13－71

圖13－72

圖13－73

圖13－74

膝膕，右手向左按乙左大腿外側迫使其倒地。(圖13-76)

(8) 退步跨虎勢

乙(穿深色衣者)和丙(穿淺色衣者)兩人在甲(位於中間者)左右兩側同時拿甲左右手腕向後擰轉(圖13-77)；甲雙手順纏翻腕反拿前收，並收左腳掃帶乙。(圖13-78)

圖13-75　　　　　　　圖13-76

圖13-77

圖 13－78

　　觀察以上所舉幾種摔法的例子，從力學講，大都符合
力偶原理，或手與腳形成力偶，或雙手形成的力偶，或同
側的臂和腿形成的力偶。例如：套步掃帶（參見圖13－
55、圖13－56）是雙手與左腳形成力偶；後崩彈（徑攔直
入勢）（參見圖13－57、圖13－58）是右手與右腿形成力
偶；高探馬勢（參見圖13－59～圖13－62）是左手與右
手形成力偶；倒騎驢勢（參見圖13－69～圖13－73）是
左手與右手形成力偶。

（五）強身健體

　　由於太極拳運動強調「鬆慢圓」，所以不管男女老
少、體強體弱者都能練。可以舉出許多體弱者練得身體強
壯的例子。洪師青少年時身體很弱，一生經歷坎坷，能享
九十高壽，應是得益於太極拳。我所教的中青年弟子中，
不少是坐辦公室工作的，其中不乏亞健康者，例如頸椎、

腰椎有病，神經衰弱，腸胃病，等等。經過一段時間（一般要半年以上）的太極拳鍛鍊，身體狀況大都有明顯的改善。跟我學練太極拳的大學生，長期堅持練太極拳，都會感覺到身體健壯、精力充沛、學習效率提高。中科院武術協會曾測試研究表明，練習太極拳可使心臟傳導功能、供血功能、心率得到改善；血脂的三項指標顯著改進；有效地改善人體末端微循環狀態。

2004年7月21日《健康報》載文講了這樣一件事：1995年以來，美國三位醫學專家對全美1000名70歲以上堅持練太極拳的華裔老人，進行每3個月一次跟蹤調查，並進行統計分析。結果發現，這些老人與美國不練太極拳（參加其他體育鍛鍊）的本土同齡老人相比，前者年摔倒的概率為5%，後者為30%。

這不難解釋，練太極拳能增強筋腱的柔韌性、彈性，有助於提高四肢的靈活性，增強人的平衡能力，能使心腦血液循環得到改善。摔倒是導致老年人骨折、心腦血管疾病發作，甚至導致死亡的重要誘因。

練陳式太極拳的要訣是「鬆慢圓纏」。我們重點講一下纏法。在練拳的過程中，手時時處處都在做順逆纏法，手指得到了充分的鍛鍊。人的手指與腦神經有密切的聯繫，手指的鍛鍊能起到健腦的作用。纏法對於鍛鍊筋腱作用很大。在做動作時，臂部、腿部雖不繃直，但要把纏法做足。這樣的運動有類似於易筋經（例如十二式易筋經）的效果。

人的健康與筋腱密切相關，民間流傳這樣一句話：

「筋長一寸，壽延十年。」易筋經中講：「且云易筋者，謂
人身之筋骨由胎而受之，有筋鬆弛者、筋攣者、筋靡者、
筋弱者、筋縮者、筋壯者、筋勁者、筋和者，種種不一，
悉由胎。如筋馳則病，筋靡則痿，筋弱則懈，筋縮則亡，
筋壯則強，筋舒則長，筋勁則剛，筋和則康。若其人內無
清虛而有障，外無堅固而有礙，豈許入道哉？故如入道莫
先於易筋而以健其體。」

前面講過可以舉出許多因堅持練太極拳而使得身體健
康的例子。也有朋友對我說起，某某太極大家功夫極好，
但只活到五十幾歲。這雖然是極少數，但我們必須面對這
樣的事實，找出問題的原因。

幾乎所有體育運動都具有健身和競技兩種功能。作
為專業運動員，強調的是競技。專業運動員為了出成績，
要做大運動量的訓練，要參加超強度的比賽。這樣的訓練
和比賽常常是超負荷的，並不能健身。作為專業運動員，
其訓練目的主要不是健身，而是成績、是榮譽，個人的榮
譽、集體的榮譽、甚至國家的榮譽。為此，甚至要以損害
健康為代價，當然他必須這樣，無可非議。

練太極拳不像其他競技體育運動強度那麼大，那麼
激烈，所以更有利於保健，但也有個別練太極拳者甚至是
太極功夫很好的人並沒有把身體練好。《精武》雜誌2002
年第13期張方先生文章中舉例說，有太極拳功夫很好的
人，身體並不好，也未能長壽，並且說：「似乎太極拳的
養生和技擊兩種功能不可兼得。」我認為這句話並不確
切，太極功夫好，一般身體也健壯，但是也可能有例外。

什麼原因呢？某些太極功夫好的人，經常與人交手，發力過猛，這對身體是有損害的。

人體具有強大的潛能，這種潛能是生命的基礎。通常情況下，不在極端危機的時刻，這種強大的潛能是不會釋放出來的。有一個不雅的比如，即人們常說的「狗急跳牆」。也就是說，這種潛能的釋放是在強刺激下的本能反應，是無意識的。這種外界的強烈刺激，與運動員服用興奮劑有類似的效果。透過某種特別的訓練，某些人可能培養出一種特殊的功能，即能有意識地調動出這種潛能的一部分。這種潛能的釋放會給人體造成極大的損害，而自己當時卻覺察不到。

我主張「厚積薄發」，即認真練功，練就好的內勁。交手時，十分內勁只用六分、七分，即使輸，也在所不惜。對於太極拳愛好者，與朋友試手交流是正常的，這種交流可以增強對太極拳的興趣，可以交友，也能健身。

試手交流時要注意兩點：一是不要爭勇鬥狠，要講究藝術，要試著用纏絲勁，以達到四兩撥千斤的效果；二是不要太在乎輸贏，特別在輸了的時候，不能耿耿於懷，要豁達大度。

當然，這只是對普通太極拳愛好者而言的。對於參加正式強對抗性比賽的青年運動員來說，往往強調的就是贏，其他已是次要的了。另外，還有一個心態的問題，越是功夫好的人，一般也越在乎自己的名和利，心理負擔過重。身體健康、長壽是人人所期盼的。對於個別的功夫高人，即非如此，也值得人們尊敬，李小龍就是一個非常典

型的例子。例如：競技體育項目的奧運冠軍是值得人們尊重的，但他未必健康沒病，但對一般練拳者，還是應將保健放到第一位。

現在大多數人練太極拳的目的是健身，但我們為什麼在講拳式時總是講技擊？首先要注意到太極拳是「拳術」，不是一般的健身操。有的學得比較認真的學生會問：「這一式為什麼這樣做？」如果老師回答說：「書上就是這麼講的。」或者回答說：「我的老師就是這麼教的。」這實際上等於沒有回答，也很難回答說只有這樣才能健身，不這樣做就不能健身。

太極拳的原本是技擊，但其結果是健身。實際上，除去專門為健身而設計的體育項目（如健身操）外，所有體育項目都是這樣的。

例如：為了健身去學練打乒乓球，你學練的是打乒乓球的技術，結果是健身。選擇某項體育運動健身，很重要的一條是你對這個項目感興趣，能從中體會到快樂。學練太極拳講究技擊也是為了培養興趣，不然只講放鬆慢練，人們會感到枯燥，特別是年輕人。

有些人知道太極拳是一項很好的健身運動，但覺得學起來很難。有人告訴我，他覺得難，主要是因為有人對他講，每一動作都要和呼吸配合。實際上，打太極拳未必強調每一動作和呼吸配合，過分地追求氣感未必能健身。張方先生在其文章中舉了兩個太極名家練丹田氣的例子，「在丹田處練出了一個球，能旋轉」，但都是「因腹瀉而過世」。這雖然只是兩個反面的例子，但至少說明，為了

健身未必非練丹田氣不可。

洪均生老師和陳發科先生都主張自然呼吸。打拳時，呼吸要自然，只要能放鬆，特別是肩部放鬆，胸部虛含，身法中正，氣自然會沉下來，而不至於氣往上頂。下盤沉穩、上盤輕靈是人健康的特徵，在保健方面，我們強調的是放鬆慢練以達到整身協調，練纏絲勁以健其筋。

我主張要「打快樂的太極拳」。打太極拳給我們帶來快樂，也必能給我們帶來健康。

十四、太極拳之謎

　　太極拳是中華民族優秀的非物質文化遺產。太極拳是太極拳界經歷了數百年的經驗積累才發展到今天幾近完美的形態，但有許多看似奧妙的太極現象尚且缺乏科學解釋。

　　這裡說的科學，是指如運動力學、運動生理學等現代科學以及統計對比試驗等科學方法。正因為如此，至今仍存在不少有爭議的問題。另外，太極拳起源、傳承，太極拳式名等也存在不同的觀點和說法。

（一）太極拳起源、傳承及式名問題

1. 起源問題

　　《武林》雜誌 1998 年第 1 期首頁登載莫朝邁先生的文章《歷史不是泥人》。文中對當代發表的某些有關歷史武林名人逸事提出質疑。文中有這樣一句話：「我國明代有些文人重印古籍，隨意編纂，給後來的治學者留下了許多難題，因而後人有『明人好古書而古書亡』之歎。」引用此話是以古喻今。現在所見到的古籍太極拳「文獻」，有許多使人真假難辨。

《中華武術》雜誌1999年第11期刊載題為《張三豐太極拳及太極拳理論》的文章。文章開頭講「關於太極拳為何人所創？自二十年代爭論以來，至今尚無定論。為與同好者共同研究，今將筆者手中有關張三豐太極拳理論的資料公之於眾，供參考」。

文中附有張三豐太極拳七十二式圖譜，並注明是原載《道藏精華》。七十二式中有五個「攬雀尾」勢，看來應是其套路中的主要拳式。

攬雀尾是楊式太極拳的主要式子。吳式太極拳來自楊式，也有攬雀尾勢。楊式太極拳繼自陳式，其創始人楊露禪學於陳長興。陳式沒有攬雀尾勢。如果當年張三豐把攬雀尾作為主要拳式，陳氏沒有學到，隔了幾百年後，楊氏卻學到了，這可能嗎？攬雀尾勢應是楊氏所創，不可能倒回去出現在張三豐的拳式中。

該文附圖的人物著古式長衫，但其拳式式名及拳姿更接近楊澄甫先生所傳拳架。文章中關於拳理的文字許多與清代王宗岳、武禹襄等人的文章相同或相近。不管怎麼樣，這畢竟是一個有爭議的問題。

拳以「太極」冠名是何時何人所為也是一個謎。有人會說，查出現「太極拳」名字最早的文章不就可以了嗎？這也存在一個難題，有些注明早期太極拳的文章真假難辨，往往是後人假託早期名人寫的文章。

2. 傳承問題

中國是一個文明古國，古代許多優秀的技藝經歷滄海

桑田流傳下來，成為今日珍貴的非物質文化遺產，但也有不少很優秀的技藝失傳，令人遺憾。現在偶爾發現並找回某種據說是失傳的東西，怎能不令人神往？

太極拳界也是這樣，當人們見到某人練的拳與眾不同時，問：「你這是跟誰學的？」這人也許答曰：「這是某某秘傳。」某某現已不在世，這種「秘傳」便成為一個「謎」。當然，並不能否定所有的秘傳。

我們再反過來看這一問題。洪均生老師跟隨陳發科先生學拳15年，深得陳先生真傳。1956年以後，洪老師在原學拳架基礎上做了一些修改。現在有人評論道：「把陳發科的拳全改亂了。」如果洪師在陳先生去世後，講這是1956年陳先生秘傳，也許人們就不會這樣評論了。

3. 式名問題

早年太極拳傳承缺少文字記錄，多為口授。由於地方口音的差異等原因，使得現在的太極拳式名有明顯差異。有的是名相同但練法不同，有的是練法相似但名不同。舉例如下：

①懶紮衣，攬擦衣，攔擦衣，攬插衣，攬雀尾。

②左插腳，右插腳；左擦腳，右擦腳；左插，右插；左起腳，右起腳；左拍腳，右拍腳；左分腳，右分腳。

③拗攔肘，順攔肘；拗鸞肘，順鸞肘；腰攔肘。

④倒捲肱，倒捲紅，倒捻肱，倒捲簾，倒攆猴。

⑤穿地龍，雀地龍，仆地雞，切地龍，下勢。

⑥閃通背，三同背，扇通背。

⑦拳炮捶，全炮捶，變式大捉炮。

⑧倒插花，搗叉搗叉。

⑨上步七星，上步騎鯨。

類似的情況還有許多，不再一一列舉。式名可分為兩大類，一類是象形型，如白鶴亮翅、野馬分鬃、玉女穿梭等；另一類是說明動作及作用的，如六封四閉、掩手肱捶、摟膝拗步等。有些式名意義不太明確，如拗鸞肘、順鸞肘中的「鸞」不知是何用意。再如，戚繼光《紀效新書‧拳經》有雀地龍一勢，陳式太極拳中也有雀地龍一勢，應當是象形型。對照拳式練法，令人難以想像這裡為什麼用一個「雀」字？

關於「上步七星」一勢，我想做點說明。各太極拳門派都有以上步七星命名的式子。「七星」在武術中是常用的詞，例如「七星劍」「七星捶」等。只有洪老師所傳授的拳式使用「上步騎鯨」式名。

我認為洪師用這一式名可能是為了和下一勢退步跨虎相照應。另外，清代名相劉庸詩作《題尋源小像》有「鯨背遊仙問東海」之句。所以將「上步騎鯨」用在此處既能和退步跨虎相照應，又賦有詩意。

（二）太極拳形、意、氣及經絡問題

1. 形的問題

關於「形」，我們先討論身法的問題。在提到身法時，無論哪個門派都講「身法中正」，這是共同點，但就

身法而言，不同的門派、不同的人，存在許多不同的點。例如：洪均生老師要求「尾骨長強穴後翻」。《陳說》中也要求「尾骨後翻」。另有人說「尾骨要前裹」。再如有人說要「開胯」，有人說要「縮胯」。

再論手法，可以舉出許多太極名人不同的說法。自從《陳說》強調了纏法和纏絲勁在太極拳中的作用之後，洪均生老師將其進一步地發揚光大，但除陳式太極拳外的其他太極拳門派並不重視纏法和纏絲勁。在20世紀60年代就纏絲勁和抽絲勁的問題就有過公開的辯論。

陳式太極拳是強調纏絲勁的，但還沒有人能以人體科學、運動力學等現代科學來說明究竟纏絲勁好還是抽絲勁好。曾經有人著文說，氣血在人體內走的是曲線，所以由這種螺旋纏繞的運動可以促進人體的血液循環。這是非常牽強的，並不能說服人。我雖然贊同「纏絲勁」說，但因為持不同說法的人群中都有太極功夫極好的人，所以我還是把這類問題作為「謎」。

再舉一例，有一部現代太極拳著作，書中有一段文字說，某甲說太極拳的動作沒有直來直去的；還說，某乙說從技擊效果看，得機得勢是要直線出擊的。這裡所說的甲乙兩人同出自楊澄甫先生的門下，都是著名的太極拳大家，說法確相反。我認為，要分辨這些問題，至少應當做統計對比試驗。

2. 意的問題

「意」是太極拳中的一個重要概念，太極拳主張「用

意不用力」。這裡說的「用意」是指練拳要時時想著太極要領；「不用力」是指不用拙力、不用莽撞之力。在指導學生練拳時，我常告誡學生說：「你放鬆得不夠，要再放鬆些。」學生會再問：「怎樣才能更放鬆？」我的回答是：「關鍵是要加放鬆的意念。」《陳說》中講：「每打一勢，輕鬆運行，默默停止，惟以意思運行。」也表達的是「用意不用力」。

20世紀80年代經常有氣功師聲稱能用「意」搬石頭，也有練太極拳者稱能「凌空」打人（**不接觸對方，用「意」將人打倒**），顯然違背科學。有人會反駁說，我親眼見過能凌空把人打倒的情形。如果這種現象果真存在，至少現在還不能做出科學解釋，應當是個謎。我認為與人交手接觸的瞬間，不可能用「意」打人，而是靠平日訓練而培育的本能自然反應。如《陳說》所講：「我身無處不太極」「遭著何處何處擊，我亦不知玄又玄」。

3. 氣的問題

所有的體育項目都很重視呼吸問題，重視動作和呼吸的配合問題。另外精神意義的氣也很重要。有位自由搏擊教練不斷地告誡他即將上場的弟子，你最大的問題是場上缺乏「霸氣」，要拿出霸氣來。

太極拳是最講究「氣」的體育項目。問題是有的太極著作和教師過分強調「氣」，使太極拳蒙上一層神秘色彩，使學練者不能理解。清代太極拳家武禹襄在太極拳理論上是有貢獻的（**參考沈壽先生的《太極拳譜》**），但在幾

篇拳論中，有「氣須斂，神宜舒」，「腹鬆，氣斂入骨」
之說；又有「氣宜鼓盪」之說，似乎矛盾。更甚者，其
「是以氣言」的四字秘訣「敷蓋對吞」，說的是用自己的
「氣」去「敷蓋對吞」對方。

從武氏的論述中可以看出對「氣」是非常重視的，
但又說：「全身意在蓄神，不在氣，在氣則滯。尚氣者無
力，養氣者純剛。」這又矛盾了。

常有學生問我：「洪老師講不講氣功？」20世紀80年
代在一份太極拳刊物上載有一位太極拳權威人士寫的「太
極拳歌」，頌揚「敷蓋對吞」四字秘訣。其中有句「敷蓋
對吞訣，十年仔細研」。洪老師評論曰：「所謂『敷蓋對
吞』四字秘訣據說是『純以氣言，非功夫深純不能理解掌
握』。我自以功夫甚淺，不能理解。但懷疑氣怎能如此神
妙，能夠將自己的氣敷蓋對方，而且能吞入對方？您老十
年研究的結果如何？」這段評語足以回答「洪老師講不講
氣功」的問題了。

4. 經絡問題

經絡學說無疑是中國傳統醫學的一項重大成果，是中
醫的基礎。像令世人驚奇的針灸醫術，就是建立在經絡學
說的基礎上。

太極拳也與經絡學說密不可分。太極拳在兩個方面與
經絡學說有聯繫，一是技擊，二是行拳時氣的運行。在技
擊方面，《陳說》中講：「打人必識穴道，不識穴道恐打傷
人，如膻中、上脘諸一被捶打，心氣一提，心血一聚，隨

時能令人昏迷且甚而至於死。」《陳說》中具體指出十幾個穴位被擊打會出現的嚴重後果。

「點穴」是武術最為神秘的技擊術，至今多數人半信半疑。人體有幾個大的系統，如呼吸系統、血液循環系統、消化系統、神經系統等。

講到氣，最直觀的就是呼吸。人的呼吸是可以受意識支配的，例如：你可以做深呼吸、可以逆式呼吸、可以憋氣等。當人完成吸氣動作後，氣在人體內的運行及所進行的生物化學反應就不再受人的意識支配。有些太極拳著作講，做某一動作時，吸氣後，氣沿某一經絡經過某些穴位到達某個穴位。這裡，可將經絡、穴位看成人體的一個系統。沿經絡系統運行的氣顯然不是我們通常說的呼吸的氣，這種氣是什麼？它又為什麼會隨著肢體的某個特定的運動而能沿某一特定的經絡運行？這應當是一重大的科研課題，在沒有實證研究結果前，也應當是個謎。

（三）太極拳雙重問題

「雙重」最早是清代人王宗岳在其拳論中提出來的，《王論》中寫道：「偏沉則隨，雙重則滯。每見數年純功，不能運化者，率皆自為人制，雙重之病未悟耳！」但《王論》中並未講什麼是雙重，只是講：「欲避此病，須知陰陽；黏即是走，走即是黏；陰不離陽，陽不離陰。」這不免引起後人的猜測。有人說，馬步是雙重。有人說，兩人推手相互頂抗是雙重。

沈壽先生所點校考譯的《太極拳譜》中有《太極輕重

《浮沉解》（清代楊氏傳鈔老譜，不知作者何人）一文中有「雙重為病」「雙沉不為病，自爾騰虛」「雙重是病手，雙沉是功手」「雙浮為病」「雙輕不為病」等一些議論，還提出什麼「雙輕」「雙浮」「半沉」「半浮」等名詞。《太極輕重浮沉解》流傳很廣，至今仍有不少人引用，但這些議論和新名詞絲毫沒有解開「雙重」之謎。

我認為不能只從「雙重」的字面意義上去解釋雙重。《王論》是一篇短文，如果能用一兩個句子說明什麼是「雙重」，《王論》是不會不講的。

我認為，應從「陰不離陽，陽不離陰」去考慮雙重問題。《陳說》中有這樣一段話：「純陰無陽是軟手，純陽無陰是硬手，一陰九陽根頭棍，二陰八陽是散手，三陰七陽猶覺硬，四陰六陽顯好手，唯有五陰並五陽，陰陽無偏稱妙手。」雙重就是純陽，「是硬手」。

太極拳每一動的身體各部位或虛（陰）或實（陽）都有一定的規矩，違背了規矩就可能造成雙重。也就是說，手與足的配合、手與手的配合、足與足的配合，甚至於十個手指的配合都應當是陰不離陽，陽不離陰，都應當陰陽相濟，否則就可能雙重。

正如《實用拳法》中講的：「手足上下配合不許雙重，手與手的配合也不許雙重。如六封四閉的雙按，抱頭推山的雙按，由於身法是側著的，手部發勁的分量當隨之一輕一重，都是右手重於左手。再看步法的三角形，也可以體會出足與足的配合同樣是前發後塌。」《實用拳法》中還講：「整個軀幹、肢節處處有虛實配合變化，同樣處處

283

不許雙重。」

（四）太極現象

太極拳放鬆慢練能練出一種特別的力，這是不爭的事實。我們已經舉過一些例子，例如洪老師與人試手將人發放出去的例子。在教拳的過程中，經常會交手試驗。下面再舉一些例子。假定甲是練拳多年的老年人，乙是年輕力壯初學太極拳的年輕人。

①甲乙兩人雙手左右相交，五指交叉相扣（參見圖13-47），無論乙先動還是後動，甲總能制服對方。而實際上乙手的握力大於甲。

②甲腋部夾住乙手臂（參見圖13-31），乙無論怎麼用力也難以掙脫出去。但反過來，乙用腋部夾住甲手臂，甲可以用幾種方法化解。

③甲乙兩人合步站立（例如皆左腳在前），雙手正面相掤（參見圖13-59），試驗肩部的「迎門靠」法。無論乙先動還是後動，總是被甲靠得後退，甚至倒地。

④甲乙兩人用同樣的方式出拳擊打丙胸部，丙會感覺到甲更有滲透力。我們將上述事例稱為「太極現象」。就看③所講的太極現象，假定乙體重比甲重，這種現象仍舊出現。假定甲乙兩人出肩部的速度一樣，乙的質量大，為什麼還會被靠除去呢？從物理講，乙的動量大於甲，這樣的碰撞會使乙後退。看來沒法用剛體力學來解釋。

其實在前面的內容中已經有不少類似的例子。對這些以弱勝強、以柔克剛的「太極現象」，比較粗淺地解釋

是，透過「鬆慢圓纏」長期的鍛鍊，人體的筋腱練得柔中有剛；神經系統對外部來力反應敏感，也就是拳論中講的能「聽勁」「懂勁」。繃緊肌肉的練法就不會有這樣的結果。更深入地研究還有很大的空間，有待太極拳界去探討。

就技擊而言，像拳擊、泰拳、散打等技擊術的訓練方法，能練就強大的踢打能力，是人們都能理解的，也是現代體育理論能夠解釋的。而太極拳訓練強調的是「鬆慢圓」。沒有親眼所見，沒有人會相信靠放鬆、慢練也能練出技擊的能力。

當代體育項目，特別是奧運項目，都有深入的科學研究。太極拳基於《易》理，這是大道。歷來的太極拳大家，也只能從哲學層面講解太極拳，或用「氣功」解釋某些太極現象。

近些年來，人們已開始從人體生理學、力學等方面研究太極拳，這是一個好的開端。有的太極著作還引用了一些近代力學概念，如向心力、離心力、重心等，但往往是漢字字意的理解，而誤解了它們的物理學含義。有的說能練得周圍出現強大的磁場、電場；有的說太極拳的力，不是力量的力，而是速度的力；有的說太極拳用的不是力，而是勁。這些都還不能解釋「太極現象」。

附　錄

一、太極拳論（王宗岳）

太極者，無極而生，動靜之機，陰陽之母。動之則分，靜之則合。無過不及，隨曲就伸。人剛我柔謂之「走」，我順人背謂之「黏」。動急則急應，動緩則緩隨。雖變化萬端，而理唯一貫。由著熟而漸悟懂勁，由懂勁而階及神明。然非用力之久，不能豁然貫通焉。

虛領頂勁，氣沉丹田，不偏不倚，忽隱忽現。左重則左虛，右重則右杳。仰之則彌高，俯之則彌深。進之則愈長，退之則愈促。一羽不能加，蠅蟲不能落。人不知我，我獨知人。英雄所向無敵，蓋皆由此及也。

斯技旁門甚多，雖勢有區別，概不外壯欺弱，慢讓快耳。有力打無力，手慢讓手快，是皆先天之能，非關學力而有為也！察「四兩撥千斤」之句，顯非力勝；觀耄耋能禦眾之形，快何能為？

立如平準，活似車輪，偏沉則隨，雙重則滯。每見數年純功，不能運化者，率皆為人所制，雙重之病未悟耳！

欲避此病，須知陰陽：黏即是走，走即是黏；陰不離陽，陽不離陰。陰陽相濟，方為懂勁。懂勁後愈練愈精，

默識揣摩，漸至從心所欲。

本是「捨己從人」，多誤「捨近求遠」。所謂「差之毫釐，謬之千里」。學者不可不詳辨焉。

〔注：王宗岳，清代乾隆年間（1736～1795年）山西人。王曾寄寓洛陽和開封一帶，以教書為生。他平素酷愛武術，精通太極拳。〕

二、陳式太極拳品並序（洪均生）

詩有品，書亦有品，古人嘗品之而著為文章，拳可無品乎？因訪司空表聖詩品體例，戲成陳式太極拳品。拳品高低，實以人品為準。

（一）端嚴

太極拳雖屬傳統運動項目，而理精法密，具有完美的藝術形式，又是增強人民體質的適宜方法。學者應在鍛鍊中，從嚴從難，細找規律，首先以端嚴為主。

拳雖小技，能強身體。眼身步手，規矩莫失。動靜開合，剛柔曲直。螺旋協調，對立統一。

（二）圓和

練此拳雖應嚴守規律，但又忌拘束，須從端嚴之中，注意圓轉和諧。

太極運動，不離方圓；上下相隨，首在螺旋。弧線轉換，內外循環；虛實互換，奇正經權；千變萬化，重心無偏；意會形合，庶幾近焉。

（三）輕靈

圓和是解拘束的方法，輕靈是圓和的效果。

能圓則輕，能和則靈；回風燕子，點水蜻蜓，將往復還，寓送於迎。速非飄迫，遲不留停，翩若驚鴻，宛如游龍。圓轉如意，中有權衡。

（四）沉著

輕靈而不沉著，久恐失之飄浮，繼以沉著。法以頂勁領起，重心隨遇平衡。眼法注視目標，保持動中之靜。

車輪飛轉，中不離軸；沉著輕靈，以剛濟柔；剛勁非頂，柔亦不丟。重心旋沉，襠膝中求。乘風破浪，萬噸之舟，全在舵手，操縱自由。

（五）雄渾

沉著在內勁，雄渾在氣勢，二者互相表裡，然非規矩之至用力之久，不能臻此境界。

山崩海嘯，虎視鷹瞵。狂飆千里，雷霆萬鈞。壯我聲勢，蔑視敵人；此非矯作，中自有真。行健不息，中氣彌純；威而不猛，是謂雄渾。

（六）超逸

偏於雄渾，或近粗野，濟以超逸。

謙虛謹慎，不躁不驕，意能中和，形自逸超。流水潺

緩，行雲飄飄，淺底魚翔，微風柳搖，遂使觀者，矜躁都消。爐火純青，百練功高。

（七）縝密

超逸而不失規矩，必須過細揣摩，達到縝密。

天衣無縫，針線泯跡；規矩之至，動必如式。螺旋萬轉，無往不利。一羽難加，敏感至疾。飛蟲難落，變化莫測。收放無間，動靜合一。

（八）纏綿

縝密必緊湊，調節必纏綿，保持對立統一法則。

源泉混混，江河濤濤；來脈既充，其流乃遙。春蠶吐絲，繭成而繰，往復纏綿，旋轉萬遭；遲留賞會，迅疾離超；法不離圓，旁求徒勞。

（九）精神

外體的運轉，既縝密而纏綿，精神的表現，應嚴肅而活潑。

習之既精，自然得神，傳神在目，非喜非嗔。驊騮嘶風，鷹隼出塵；伺鼠鳥園，躍水錦鱗。好花初放，秋月常新；形神瀟灑，永葆青春。

（十）含蓄

精神過分外露，也是一病，還應含蓄。

內勁充實，外無矯飾。千斤之弓，四兩之矢；引而不發，躍如中的。山雨欲來，好風將起。譬彼兵法，守如處女；一觸即發，淺嘗輒止。

（十一）雍容

含蓄不是拘謹，而要落落大方，氣度雍容。

輕裘緩帶，叔子之風；以暇御整，氣度雍容；號令萬軍，旗幟鮮明。滄海旭日，泰山蒼松；秋雲舒捲，春水溶溶。疏密成文，河漢列星。

（十二）雋永

拳經揣摩，有景有情，玩味無窮。

拳中有景，即景生情；山重水複，柳暗花明。良友優游，其樂難名；景與情會，趣味無窮。如烹鮮鯽，既腴且清；淡妝西子，出水芙蓉。

（十三）自然

「同自然之妙，有非力運之能成」，《書譜》讚語，移狀拳法。

嚴守規矩，潛化默通；心手兩忘，自合準繩。運斤大匠，解牛庖丁；不著痕跡，純以神行。妙造自然，源於苦功；自強不息，精益求精。

三、喜壽太極贊並釋（許盛華）

一劃開天地，八法定乾坤。問師洪均老，溯源太極陳。
武學繼大宗，杏壇嬗文明。文武妙同巔，斯為真上乘。
拳道契至理，造化衍玄微。無礙本無住，圓融何勞覓？
恒衡意守中，和合息抱一。任運從機宜，意隨不用力。
憑虛勢乘風，岳峙沉淵渟。動靜兩相忘，渾然同水清。
喜哉桃李旺，壽之無量光。道途其修遠，太極日月長！

　　楊喜壽教授書生懷劍，絕藝在身，沉潛於太極拳文
化研究，蓋自三方面契入：一者修證，二者傳播，三者著
述。三位一體，彼此增益。有感楊教授之太極拳藝境界及
傳道功德，謹以為贊，題曰《喜壽太極贊》，並賀《陳式
太極拳‧原理探究用法詳解》付梓。為暢達文意，茲對文
句略作詮釋：

　　一劃開天地，八法定乾坤。老子《道德經》云：「道
生一，一生二，二生三，三生萬物……」《易經》云：
「易有太極，是生兩儀……」王宗岳《太極拳論》曰：
「太極者，無極而生，動靜之機，陰陽之母也。」故道同
無極、不易，一即易，即太極。一劃，指軌跡運行開始
（有形），又指念起之始（無形）。開天地，亦即生陰陽、
生兩儀。太極生陰陽正合「一生二」道之言詮矣。八法云
者，可言武，可言醫，可言書，實則諸門諸類，外雖大
異，其理一也，無不匯歸大道之法。於武術，是手、眼、
身法、步，精神、氣、力、功八種方法總稱。於國醫，則

是在辨證論治原則指導下八種基本治療大法之總稱。於書法，可指側、勒、弩、趯、策、掠、啄、磔，漢字楷書結字之八個基本筆勢，又可以「八」之真、草二體寓太極開合二勢——真書之「八」字開而草書之「八」字合。乾坤者，二元也，無外天地陰陽。「知其白，守其黑，為天下式」，一語「定乾坤」。

問師洪均老，溯源太極陳。問師：問，請教、叩問；師，師承、師法。楊喜壽先生師事當代太極重鎮洪均生，而洪公宗承太極拳一代宗師陳發科。溯源太極陳，乃務其本源也。又，德高望重之耆宿，往往略其尾字，以示尊崇，如趙樸初稱趙樸老，李苦禪稱李苦老等，洪均生先生尊謂洪均老。

武學繼大宗，杏壇嬗文明。「取法乎上，僅得其中；取法乎中，僅得其下」。前人訓語，信為的言。洪傳陳式太極，宇內聞名，允稱大宗。嬗，傳承，傳遞，楊教授任職山東大學，數十年誨人不倦，人類文明所賴以嬗傳者，師也。

文武妙同巔，斯為真上乘。文武道同，文通武得上乘，武至文乃極則。文武之通在於理趣，並舉則稱備，分列成闕如。故古來文武兼修為學人上圖，文者儒，武者俠，明照四海懷天下。洪均生先生於太極拳外，兼通詩文書畫、曲詞音律。楊喜壽先生則本為學者，積學宏深，參會武學，確然能「理精法密」，令太極義理更趨系統詳備。

拳道契至理，造化衍玄微。拳道一途，軌跡之學，

破空之學，亦即以有破無，假無化有，涵虛實，致剛柔，隨開合，應迅遲，攻守收放，無非速度、力度、角度之恰然妥當。契，契合，通徹。拳道契合、通徹至純至真的道理。造化玄微：張三豐《大道論》有此謂者。造化之妙密，洞達玄微。衍，衍生演化。

　　無礙本無住，圓融何勞覓？無礙，圓融沒有障礙。《金剛經》:「應無所住而生其心。」無住，即無所執著。無所執著，當下便得無礙無滯，圓融之境更何勞心外尋覓耶？故大道至理即為心法，心外之謀，南轅北轍矣。

　　恒衡意守中，和合息抱一。恒，永恆，時間概念；衡，平衡，空間概念。恒衡，演行過程之時空狀態，貫穿始終，取永續不斷、中定不倚之意。和合：調適，和諧，「和合」觀是中國傳統文化基本精神之一，也是一種具有普遍意義之哲學概念。守中：順應自然，持守本性，安定自我內心；抱一：專注恒一之意念，心無旁鶩。所謂守中者，守此本體之中也。中心之心既實，五行之心自虛，此抱一守中、虛心實腹之本旨也。

　　任運從機宜，意隨不用力。任運：任法之自然運動，不加人為造作。機宜：依據客觀情勢所採取的對策。「勢」之一字，可謂拳道軌跡之本體，而勢之變易則為其用。太極於勢，不逆、不悖、不丟、不頂，一路乘之、就之、順之、憑之，絕然不以力敵，全由一意任隨。力、意之間，勢成消長，太極上乘，全在意為，若以力搏，則不免有違太極真義了。

　　憑虛勢乘風，岳峙沉淵渟。動靜兩相忘，渾然同水

清。憑虛勢乘風：如同無所憑藉，乘風勢而動焉。岳峙沉淵渟：如高山巍然聳立，如淵水靜穆深沉。觀楊喜壽先生演練太極拳，飄然靈動如憑虛禦風，巋然沉鬱若淵渟岳峙，動靜之間，起承轉合，次第分明又不著痕跡。歎為道中高手。先生文武兼修，觸類旁通，早歲曾習「螳螂拳」，象形取意，日久功深，得入心契；又於戲曲武生之步法身段頗有意會——戲曲是一種高度抽象化之藝術形式，其於武術，多有通會之處。所謂取諸百家，融會貫通，風範自成矣。

喜哉桃李旺，壽之無量光。道途其修遠，太極日月長！洪公、楊教授一脈，文人書生從學者眾，琴心劍膽，誠可慰懷也。太極拳是以智克力之術，文人習之，因無本力可賴，唯從技藝核心參悟，而太極精髓恰從此出。先生多載傳道授業，如今高徒浩眾，不乏俊彥。喜哉，壽之，鬆心則喜，養心而壽，嵌其名諱，謹致祈祝，願楊先生健康長壽，藝業無量。

四、學拳小記

1981年1月份，有一天我的一位朋友對我說：「你不是想學太極拳嗎？我在報上看到一則消息，黑虎泉公園有位姓洪的老師在教陳式太極拳。」第二天早晨我到了黑虎泉公園，見到一位五十多歲的先生正在帶領大家打拳。我被這位先生瀟灑、雄渾的拳姿深深地吸引住了。得空我走向前去對這位先生講：「老師，我想學拳，能收我嗎？」先生指著西邊一位老者講「我不是老師，老師在那裡」。

　　我趕緊走向那位老者，心存敬意地講：「老師，我想來學拳，能行嗎？」不等老師回答，我又簡單地做了自我介紹，並把工作證給老師看。當時我想，如果身份不明，老師是不會輕易地收學生的。

　　之後老師說：「來學吧。」過了一會兒老師又說：「我看你也不像很壯的人，好好學，好好練，一樣能練成。有些人自恃有力，學拳不用心，練拳不用功，太極拳是練不成的。」我領悟到這是老師對我的鼓勵，心中非常高興。從此，我進入了陳式太極拳的學堂，天天早晨到黑虎泉公園學拳、練拳。當時帶領我們十幾人練拳的是李宗慶大師兄。

　　我在跟李師兄練拳的過程中，幾乎每天都請洪老師給糾正拳式。糾正拳式的過程大體是這樣的，老師讓你先練一拳式，然後他做一遍給你看。我記得糾正「金剛搗碓」一式，用的時間最長，有兩三個月。一路拳糾正完差不多用了一年的時間。現在大家所見到的洪老師打拳的錄影和老師給糾正拳式是不一樣的。老師給糾正拳式時是將拳式的每一動作分解得很細。至今當年老師的拳姿在我心中還留有深刻的印象。

　　在黑虎泉公園學拳時，有一段時間，隔幾天洪老師就帶幾頁他寫的回憶錄給我看，我看完後就還給老師。老師回憶錄中所寫的許多事情在現在已有的材料中可以見到，但有些沒有見到。不知洪老師回憶錄的原始手稿現在何處。

　　20世紀80年代在黑虎泉公園學拳那個時期是我工作

最為繁忙的時期，教學、科研、行政工作壓力很大，但在老師的鼓勵下還是堅持下來了。每天早晨很早就到黑虎泉公園練拳，為了不耽誤上班，我預備下炒麵、熟雞蛋，從黑虎泉公園回到家用熱水沖炒麵，雞蛋剝皮放入，3分鐘就能把飯吃完。現在回憶起來，仍覺得很有趣。

1985年1月一天早晨五點半左右，天還很黑，我騎自行車去黑虎泉公園，從山師東路南端向北（是下坡）在到文化東路左轉彎時，沒看清路上有冰，速度又太快，摔倒在地，滑出有五六米遠。啊呀！離心力竟是如此的強大！當時雖然覺得左肩疼痛，還是堅持去了黑虎泉公園。現在回想起來，那時的確被陳式太極拳迷住了。正是因為這一跤，得了肩周炎。

有一天到洪師家，老師見我左臂不能動，就問我原因，我說摔了一跤，成了肩周炎了。老師給我講了一段往事：「1982年在上海參加太極拳交流會議，那時我也患肩周炎，與李恩久試手時，我是用反搗碓把他發出去的。」

有一次到洪老師家求教，我順便說起最近工作太忙拳練得太少，洪老師說：「只要用心練，練得少點兒也沒關係。我當年整套拳打得趟數也不多，但單個動作，利用零星時間沒少練。」洪老師還告訴我空閒時，例如走路時，也可練手的纏法。另外，洪老師講過一段往事，對我啟發很大。50年代初，洪老師應聘為公家抄寫證件（記不很清了，好像是工商執照類的），同時做同樣工作的有數人。洪老師寫一些後就停下來略休息，轉動轉動腰身（實際上這是陳式太極拳的基本功）。其他人一直在寫。結果洪老

師的效率比他們高得多。有些人為了趕進度，不休息，結果一疲勞就出錯，一出錯就得修改。修改一份的時間遠比寫一份的時間多。此後，我在讀書、寫文章時，不等到太疲勞，就站起來放鬆放鬆，或劃幾分鐘的圈，或做幾分鐘的左右轉體運動，效果很好。

我不太喜歡探親訪友。平時，除去在外面練拳，只有兩個去處，即家和辦公室，但是洪老師家我還是常去的。20世紀80年代中期和90年代的前幾年，周日我常到老師家請教。使我印象最深的有兩件事。一次我說，我們在試驗「裹身鞭」一式時，被從身後摟抱的人，提挪動作用不出來。洪師講這裡使用的是一種「崩炸勁」，一般人練不出來。洪師當時沒有與我試「裹身鞭」，而是讓我從他的右側封按他的右臂。洪師用「右蹬腳」的動作，即逆纏下收挪，順纏上開挪，沒及蹬腳我已被發出。這次使我知道了太極拳有一種「崩炸勁」。

另一次是在談到所謂的「敷蓋對吞」四字秘訣時，我問老師太極拳到底有沒有秘訣？老師說：「哪有什麼秘訣，練拳最主要的是做到放鬆、慢練、走圓。總起來就是三個字『鬆慢圓』。」停了一會兒，老師又說：「練陳式要把纏法走足。」從此以後，在我心中就有了陳式太極拳的四字訣：「鬆、慢、圓、纏」。

洪老師不僅是太極拳一代宗師，而且在如京劇、書法、文學等方面造詣頗深。我到洪師家求教，除太極拳外，洪師經常給我談起這些方面的知識。有一次，洪師對我講：「你們學校有位姜老師，我很佩服他『文革』中

保護了很多舊京劇唱片。」然後又對我說起在廣播中聽到姜老師講的京劇音韻問題。洪老師講到梅蘭芳的《霸王別姬》中一段「南梆子」唱腔中的「和衣睡穩」的「和」字、「猛抬頭」的「猛」字等是如何發音的。後來又談到有關音韻十三轍的問題，特別提到在某出戲中的「寫」字就是「乜斜」轍等。回校後我和姜可瑜先生談起此事，姜先生說：「難得民間有對京劇如此深入研究的人，你領我去拜訪拜訪這位老先生。」一日我同姜先生一起到了洪老師家。洪老師熱情地接待了姜可瑜先生並進行了親切地交談。之後，洪老師寫了一首詩贈送姜可瑜先生，其手稿影本如下：

洪師詩文影印件

　　有一次我攜小女楊爽到洪老師家求教，臨走時我求
洪老師給題字。洪老師當時家中還沒有毛筆等文房四寶，
剛好我身邊帶有一個合頁本，洪師就給我們寫下了一段
鼓勵之詞，並寫了所著《陳式太極拳品》示我。影本如下
（《拳品》只印出首頁）。

陳式太極拳品并序

詩有詩品　書有書品　拳為藝之一　而書文亦應　拳可無品乎　故
仿司空表聖詩品體例　戲成陳式太極拳品　拳品共做　實以
人品為準

一．端嚴

拳雖小技　須強身修體　眼身步手　規矩策夫　動靜開
合　剛柔曲直　螺旋纏綿　對立統一

二．圓和

太極運動　不離方圓　上下相隨　妙在螺旋　孤線
轉　內外循環　虛實互換　奇正相錯　千變萬化　走心無
偏　意氣形合　及勢延綿

三．輕重

拳品首頁

299

本人自幼喜愛武術，童年時曾學過通背拳。大學讀書時，是山東大學武術隊隊員，主要學練國家規定套路。也練過查拳、羅漢拳、大紅拳、螳螂拳等一些傳統武術套路。自從1981年跟隨洪均生老師學練陳式太極拳後，才體會到陳式太極拳確實「理精法密」。之後，我專練陳式太極拳，沒有再練其他武術套路。

從20世紀90年代開始，本人在山東大學校園傳授洪師所教陳式太極拳，並指導成立了山大太極拳協會，現為該協會總教練。在這十幾年中，每年有50名以上的新生學拳。在這期間，還教過不少來自美、英、法、德、日、韓、俄、老撾等國外籍學生。

後　記

　　洪均生老師是陳式太極拳一代宗師。洪師逝世將近十八年了，老師的音容笑貌、老師的拳姿，仍時常浮現在我的腦海中。在我教拳的過程中，每教一個動作，我都要給學生講洪老師當年是怎麼講的。寫這本書的目的就是想將洪師所教我的拳理拳法發揚光大。

　　幾年前，一想起自己是古稀之年，再不把洪師所教及我個人的體會、領悟寫出來傳下去，於心不甘，但一動起筆來，又覺得難度很大。幸虧朋友的熱情鼓勵和幫助，學生的迫切要求，促使我最終還是把書稿寫出來了。

　　寫書的過程，用功最多是拳法試驗。對於洪師所教授的拳法中的每一個動作，我都與學生和朋友反覆試驗。經過反覆試驗，我將某些拳式做了修改。動作雖做了某些修改，但仍完全遵照洪師所授陳式太極拳的拳理。說到這裡，我要特別感謝多年來經常與我試驗拳法的學生，如范冠卿、趙維民、鄭煜、吳光傲、楊東雷等。他們雖然很樂意配合我試驗，但這畢竟是件很艱苦的事情。

　　在寫作的這段時間裡，有許多學生，經常詢問書能何時出版，希望儘快看到。有的還對書稿提出一些寶貴意見，例如趙維民、柳毅民、郭巍（上海）、林惟玥（南

寧）、陳杵生（廣州）、周鵬（湖南）、張得才（臨沂）等，這是對我的督促、幫助，也給了我信心和力量。

書稿中使用了大量的照片，這些照片是劉朝賓、劉暢等拍攝的，先後拍攝過數千張照片，他們兩位耗費了很多時間。袁維剛、曹可君等在拍攝和處理照片方面做了不少工作。

在書稿寫作過程中，還有我的許多朋友和學生給了我真誠無私的幫助，在此特表謝意。

楊喜壽

歡迎至本公司購買書籍

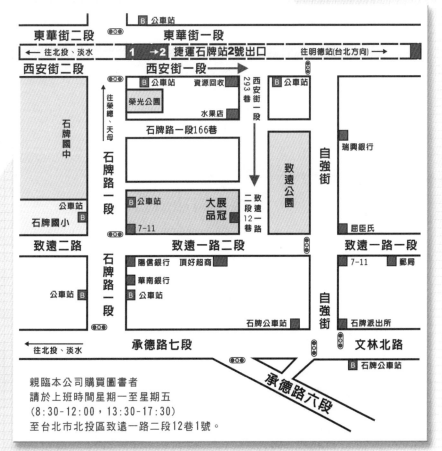

親臨本公司購買圖書者
請於上班時間星期一至星期五
(8:30-12:00，13:30-17:30)
至台北市北投區致遠一路二段12巷1號。

建議路線
1.搭乘捷運
　　淡水信義線石牌站下車，由月台上二號出口出站，二號出口出站後靠右邊，沿著捷運高架往台北方向走(往明德站方向)，其街名為西安街，約80公尺後至西安街一段293巷進入(巷口有一公車站牌，站名為自強街口，勿超過紅綠燈)，再步行約200公尺可達本公司，本公司面對致遠公園。

2.自行開車或騎車
　　由承德路接石牌路，看到陽信銀行右轉，此條即為致遠一路二段，在遇到自強街(紅綠燈)前的巷子左轉，即可看到本公司招牌。

國家圖書館出版品預行編目資料

陳式太極拳—原理、用法解析／楊喜壽　著
——初版——臺北市，大展，2018〔民107.12〕
面；21公分——（陳氏太極拳；9）
ISBN 978-986-346-231-6　（平裝；附數位影音光碟）
1. 太極拳
528.972　　　　　　　　　　　　　107017446

陳式太極拳—原理、用法解析 附DVD

著　　者／楊　喜　壽

責任編輯／李　彩　玲

發 行 人／蔡　森　明

出 版 者／大展出版社有限公司

社　　址／台北市北投區（石牌）致遠一路2段12巷1號

電　　話／(02) 28236031・28236033・28233123

傳　　真／(02) 28272069

郵政劃撥／01669551

網　　址／www.dah-jaan.com.tw

E-mail／service@dah-jaan.com.tw

登 記 證／局版臺業字第2171號

承 印 者／傳興印刷有限公司

裝　　訂／眾友企業公司

排 版 者／千兵企業有限公司

授 權 者／人民體育出版社

初版1刷／2018年（民107年）12月

定　價／400元

大展好書　好書大展
品嘗好書　冠群可期